汉字好好玩 ④

The Fun in Learning Chinese Characters

有画面 · 有知识 · 有故事 · 有历史

张宏如◎著

中国致公出版社
——China Zhigong Press——

作者序

　　《汉字好好玩》是一系列画中有字、字中有画的汉字图书，它打破了传统一笔一画学习汉字的方式，改用一幅幅的画作来介绍汉字。内容中的汉字画作看似简单，其实花费了相当多的力气，构图才得以完成。光是第一幅汉字脸谱的创作，从起心动念那一刻起，到作者自己涂鸦式地试画，就耗时近一年之久。创作之初，我常常在公园的泥土上、石板上、树干上画字，假装自己回到了原始时代，在洞穴石壁上画着今天捕了几头野兽，抓了几条鱼，借以揣摩人类老祖宗造字的初衷，于是有所感悟——原来文字还没有发展成形时，人们是用一些简单的线条图画来沟通记录。至于怎么画，如何画，画什么，若能重新体会象形文字，就能发现这里头暗藏着中国文字创始的密码。

绘者简介

黄盟钦

　　黄盟钦生于台湾嘉义，台湾师范大学美术系博士生，从事艺术创作并任教于诸多大学担任艺术相关科系兼任讲师。2001 年毕业于国立台湾艺术学院美术系，2007 年毕业于台北艺术大学美术创作研究所，并且荣获奖助学金前往印度 Global Art Village 驻村交流。2010 年受邀前往悉尼大学艺术学院（Sydney College of the Arts）艺术家驻校研习计划工作营，同年荣获亚洲文化协会（Asian Culture Council）台湾奖助计划于美国旧金山贺德兰艺术村驻地创作。2011 年荣获福布莱特学术交流基金会（Fulbright, FSE）创作艺术家赴美研习奖学金于加州伯克利卡拉艺术机构的驻村研习。2012 年获台湾文化事务主管部门参与文化创意类国际性展赛奖助于土耳其伊斯坦布尔举办展览计划。

目 录

本书特色   002

如何阅读本书   003

汉字的图像思维   004

汉字画

汉字画一	**杂技之象**（承、亦、化、交、夹）	001
汉字画二	**义勇之象**（羌、羞、姜、义、善）	011
汉字画三	**妖媚之象**（天、妖、笑、媚、美、要）	021
汉字画四	**网罗之象**（毕、率、罗、只、双）	031
汉字画五	**园艺之象**（苗、艺、树、圃）	041
汉字画六	**育苗之象**（臬、直、乇、相、省）	049
汉字画七	**制麻之象**（麻、么、摩、磨）	059
汉字画八	**麻绳之象**（索、紧、互、纠）	067
汉字画九	**缫丝之象**（素、绝、乱、断、继）	075
汉字画十	**润丝之象**（幽、兹、滋、湿、显）	085
汉字画十一	**染丝之象**（素、绿、系、玄、红）	095
汉字画十二	**妻妾之象**（妥、安、妻、妾、辛）	105
汉字画十三	**奴婢之象**（童、奴、奚、卑、婢）	115
汉字画十四	**生育之象**（育、毓、流、弃）	127
汉字画十五	**关闭之象**（闭、关、闲、栅、闾、间）	135

本书特色

特色一　画中有字，字中有画

　　本书最大的特色就是每一幅图画中都包含着好几个汉字，而每一字的形象就是其事物本身的形象，每一幅图所要表达的意境也是由这一组相关的文字结集而成的。若说本书对于汉字有何贡献，或许最大的价值就在于还原真实情况，让文字回到属于它自己的位置——两千年来并没有人尝试如此做法。自许慎的《说文解字》之后，文字学者在解说文字时，常会利用甲骨文、金文、篆文等图像加以说明文字的起源或演变过程。随着古文物陆续出土，加上影像科技的发达，近代的文字学者，常常会利用图片来辅助说明汉字的成因。这样的做法固然有助于学习者对汉字的体会与了解，但作者认为这样的做法并不够完美，因为老祖先造字的灵感既然取之于大自然，我们理当回到大自然之中重新看待汉字。本书以不同的视野与角度认识汉字，并结合图形、书法、艺术、美学、文字学、哲学等概念特别提出一套汉字画的学习方法。

特色二　快速学习汉字的新方法

　　现在书店中有很多介绍汉字字源的书，由单一字源重新认识，一天学两三个字，学成二千五百个常用字，大概也要花个五六年的时间。作者认为，若能将文字图像化，通过图像来记忆学习，应该是最快最有效的方式。通过《汉字好好玩》系列书的画作，可以清楚明了画的含义、字的意义：每一幅图画中至少包括四个字以上，有效地学习基本文字后，接下来只是组合字的问题，借由不同部首或字源之间的组合又可以创造出不同的文字与意义。《汉字好好玩》系列书七十五幅图中，总共包含 500 多个汉字，让有意学习汉字的人可以通过影像记忆，在最短时间内认识最多的汉字。

如何阅读本书

每幅汉字画以三个步骤进行

首先，说明与每个主题古文字相关的文化意涵。

其次，每幅图以左右跨页的方式呈现，通过简单的汉字画之内容描述，让读者感受画作本身之意境。

最后，将图内的古文字标示出来，让读者清楚比较古今文字之间的关系，并介绍每个字的字义与字形。

作者相信，用欣赏画作的角度来学汉字，会是件既浪漫又有趣的事。

特别说明

首先，文中"说文解字"下方的古文字乃是甲骨文、金文、篆文等穿插使用，而图1、图2……说明方式则是为了使汉字学习者可以了解图形之间的变化与差异，因此，图与图之间并没有时间先后的问题。

其次，字形说明部分，作者系以仰视、直视、俯视及透视四种造字角度来分析汉字的形成。仰视造字，必须仰起头来观察，如日、月、星、晶等字；直视造字，只要平视即可，如禾、木、工、弓等字；俯视造字，必须从高处往下看，才能掌握事物的整体样貌，如田、川、州等字；透视造字，如身的古文 画出人肚子隆起的样子，"一点"代表肚子里的胎儿。

本文希望通过图形与汉字的造字角度分析，帮助读者在最短的时间内了解汉字、认识汉字，轻轻松松学汉字；并通过不断重复的图像学习，让所有汉字学习者都能感受到汉字学习真的好好玩。

汉字的图像思维

相较于西方的拼音文字，中国的文字被视为拼形文字，又称为象形文字或方块文字；不过，自从隶书定型之后，很多文字就已经脱离象形，被归类为指事、形声或其他类别。传统文字学是以东汉许慎所提到的六书为依归。所谓六书，是指"象形、指事、形声、会意、转注、假借"六种造字方法。六书这个词最早见于《周礼》；东汉班固《汉书·艺文志》也曾提及六书，而班固所指的六书则是"象形、象事、象意、象声、转注、假借"。当时也有其他文字学者认为六书应该是"象形、会意、转注、处事、假借、谐声"，可见自东汉时期开始，学者对于六书的看法就颇为纷歧，只不过后世多采用许慎的分类作为中国文字的造字原则。

六书的讨论延续了两千年，直到清末民初文字学者唐兰提出三书说，他认为中国的造字原则应该可以归纳为象形、象意与形声这三种方式。唐兰强调象形、象意是上古时期的图画文字，形声文字则是近古时期的声符文字，这三类可以包括所有中国文字。从六书到三书，这是不同时代、不同文字学者对中国文字造字所提出的不同见解。

不论是许慎的六书还是唐兰的三书，目的都是为了说明中国文字的造字方法。而本文作者的创作动机，则是希望可以跳脱传统文字学的讨论方式，亦即只要可以用类似象形文字的方式呈现，不论它归属于许慎的指事、形声、会意、转注、假借，抑或是唐兰的象意、形声，作者都将其统称为"类象形"。以"类象形"的概念重新看待中国的文字，回归象形文字的本质，以图像为出发点，让学习者可以充分感受到中国文字的形成与意境。把原本不是归类于象形系统的文字，以象形的手法来设计呈现，加深对中国文字的记忆，同时增加学习中国文字的趣味性。这就是本书提出"类象形"概念的最终目的。

《汉字好好玩》的七十五幅图画中，其中部分图片即是用"类象形"的概念进行创作。例如汉字画——城墙之象，城门上凹凸的石块，凹与凸这两个字在传统文字学中并未被特别提到，但若将它重新设计一番，就成了标准的象形文字，读者可以通过图画感受到凹凸这两个字的意义与意境。另外汉字画——方位之象，船停泊在岸边、工人拉桅杆的设计，是为了介绍上、下、中、卡等几个字。若照许慎的解释："指事者，视而可识，察而见意，上、下是也。"上与下是指事类别的字，并不属于象形字，不过作者在此也是以类象形的手法将上与下两字设计于桅杆，通过一根桅杆可以轻易学习到上、下、中、卡这四个汉字。

本系列七十五幅图画创作多以象形文字为基础，少部分不属于象形文字的则以"类象形"的手法来处理，所以不能完全用传统文字学的角度观之，必须以艺术与美学的眼光来看待。作者极力推广的一个概念即是"画中有字，字中有画"。图与画是没有国界的，既然中国文字属于象形文字，也就是图画文字，学习中国文字应该不是件难事。许多外国人会认为中国字不易学习，其实问题就出在当今的文字教学强调一笔一画地写，辜负了象形文字所隐藏的艺术价值；外国人也只看到一个个的字，却没有看到它的艺术之美。作者希望借由本书的问世，改变未来汉字的学习方式，原来"学汉字就像在看画，写汉字像是在学画"，不论是华人或是非华人都能真正欣赏汉字之美，轻轻松松学习汉字。

杂技之象

汉字

好好玩

1974 年，秦始皇陵出土的兵马俑震惊全世界，不仅让世人见识到古代中国的工艺技术，还让人们对秦代的生活娱乐形态也有了初步认识。在出土的陶俑群中，有一批陶俑与一般的士兵俑不同，其造型奇特，肢体动作像是杂技表演，因此，这批陶俑被称为百戏俑。秦始皇统一中国后，下令将全国各地能歌善舞，有特殊技能的人都集中至当时的首都咸阳，并在皇宫中为其表演。由于演出的形式花样多变，古代将杂技称为百戏。

秦代百戏俑。

杂技百戏的起源与部落战争有关，源头可追溯到黄帝时期。当时黄帝与蚩尤两大部落常有战事，最后由黄帝胜出。后人为了追念黄帝，就模仿黄帝大战蚩尤的情境，表演者头上戴着动物的

《三才图会》角抵图。

角，模仿动物用角互相攻击与抵挡，当时称之为"角抵"，后来演变为"角力"一词。由于故事内容精彩，剧情传达黄帝打败邪恶的蚩尤而取得正统的领导地位，表演者装扮特殊并搭配道具，所以有学者认为这就是戏剧的源头，后人并将这出戏称为蚩尤戏。

特技表演。

远古杂技表演的最初目的，是祭祖时娱乐神灵的一种仪式。每当部落有祭祀时就会安排表演，但只有优秀的战士或猎人才有资格演出。这些人有的身段特别柔软，有的则是力大无穷，也有的人肢体特别灵活。当时表演者受到相当的重视，然而随着时代变迁，杂技表演者沦落成了街头艺人，虽然个个身怀绝

女子手持木棍走绳索。

大力士一次可以举起很多人。

技，也常为王公贵族与百姓带来欢乐，但他们的身份低贱，地位连一般平民都不如。所幸杂技发展至今，由原本街头表演逐渐登上了国际舞台，杂技已被视为一项专业的表演艺术，杂技团体也常受邀至国外演出，让外国人见识到中国历史悠久的杂技文化与艺术。

这幅杂技之象是将汉字与杂技文化融合而成的汉字画，从各项杂技表演与肢体动作上可发现文字与文化间的关系密不可分。例如，走绳索大多是由女性艺人来表演，因为女子体态轻盈，走绳时亦步亦趋的姿态极为优美，亦的古字像是一个腋下有东西的人，即表演者在腋下夹道具以保持平衡。再者，女人的身段柔软，双手双脚可交叉或扭转，做一些高难度的表演动作，交的古字像一个人双手打开，双脚交叠在一起。表演者高空跳跃旋转或相互抛接等动作，过程变化万千，化的古字就像两个人一正一反在空中翻转。杂技不只是一种杂耍的把戏，需要高度的平衡感与协调性，有时也需要一些大力士加入表演以增加精彩度。大力士可以承受极重的分量，承的古字、就像用双手将人往上托举。另外，表演叠罗汉时，常见到一人同时夹住多人，所以夹的古字就像一人腋下同时夹有两个人。我们从传统杂技表演中确实见识到人类体能的极限，杂技也成为中国特有的表演艺术。

跳舞时双手打开，双脚交叉。

汉字画

　　传统杂技可以见到有人亦（夾）步亦趋地走绳索，有人力大无穷同时夹（夾）住两人，有人双脚交（交）叉抛接彩球，有人双手将人抛起承（承）接于肩上；而最精彩的演出首推多人空中翻腾，表演变化（化）莫测。

　　此画由亦、夹（夾）、交、承、化等汉字组成。

| 繁体 | 简体 | 英文 |

承　承　to hold

chéng

字义说明　承受；许慎解释，由手、卩（jié）与廾（gǒng）组合而成。

说文解字　"奉也，受也。从手，从卩，从収（注：同廾）。"

图1　　　图2　　　图3　　　图4

字形说明　采直视角度，取人与双手之形造字。

下面一双手，上面一个跪坐之姿的人，手托举着人的样子（图1）；人身体更为弯曲，下方依然有双手托举着（图2）；人的形象渐简化，下面增加一手，像三只手举着上方的人（图3）；演变至今，字形线条结构改变：图1、图2、图3→图4。

常用词汇　一脉相承　承先启后

繁体	简体	英文

亦　　亦　　also
　　　yì

字义说明　亦是；许慎解释，亦表示人手臂开张，腋下有物。

说文解字　"人之臂亦也，从大，象两亦之形。凡亦之属皆从亦。"

图1　　图2　　图3　　图4

字形说明　直视角度，取人正面之形造字。

　　　　　人将双手双脚张开，腋下夹有一物（图1、图2、图3）；演变至今，字形线条结构改变：图1、图2、图3→图4。

繁体	简体	英文

化　　化　　to change
　　　huà

字义说明　变化；许慎解释，教化人民使其改变，由人与匕（huà）组合而成。

说文解字　"教行也。从匕，从人，匕亦声。"

图1　　图2　　图3　　图4

字形说明　采直视角度，取人侧面之形造字。

　　　　　一正一反的两人（图1、图2、图3）；演变至今，字形线条结构改变：图1、图2、图3→图4。

常用词汇　千变万化　化险为夷

繁体　　简体　　英文

jiāo

交　　交　　to intersect

字义说明　交叉；许慎解释，大腿交叉的样子。与交有关的字，有咬、郊等。

说文解字　"交胫也，从大，象交形。凡交之属皆从交。"

　　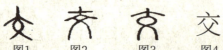　
　　图1　　　　图2　　　　图3　　　　图4

字形说明　采直视角度，取人之正面之形造字。

　　　　　一个人双手打开，双腿交叠在一起（图1、图2、图3）；演变至今，字形线条结构改变：图1、图2、图3→图4。

常用词汇　百感交集　饥寒交迫　莫逆之交

jiá

夾　夹　to pinch/to clamp

字义说明　夹着；许慎解释，夹持的意思，由大与二人组合而成。

(**说文解字**)　"持也，从大，侠（注：同挟）二人。"

市　爽　夾　夾
图1　　图2　　图3　　图4

字形说明　采直视角度，取一人正面与两人侧面之形造字。
中间有一个正面双手双脚打开的人，左右有两个侧身形象的人（图1、图2）；左右两边演变为人（图3）；演变至今，字形线条结构改变：图1、图2、图3→图4。

常用词汇　夹枪带棒　夹道欢迎

杂技平衡表演。

杂技叠罗汉表演。

汉字画二

义勇之象

汉字
好好玩

华夏文明是世界上持续时间最长的文明之一，黄河和长江这两大流域的融合，造就了中国古老又灿烂的文化，长期的民族融合形成了精彩且丰富的华夏文化。根据统计，中华民族是由五十六个民族融合而成，虽然民族众多，追根究底其源头都是来自炎帝与黄帝这两大血脉。黄帝和炎帝为争夺部落联盟首领，

《三才图会》炎帝和黄帝图像。

在中原爆发了阪泉之战，炎帝部落战败被并入了黄帝部落。公元前2100年—前770年，黄河中下游黄帝部落的后裔先后建立了夏朝、商朝及周朝，历经夏商周三代的融合，华夏民族正式形成，也因此中国人自称"炎黄子孙"。

头上装饰羊角。

身上挂着羊角。

古籍记载，炎帝姓姜，是当时羌族部落的领袖。而姜其实是羌族中的一个姓氏，所以有学者认为姜与羌是从同一字源分化出来，羌的古字（羌）上半部是羊，下半部是个人，表示一个人头上装饰着羊角的样子。羌族中姜姓是一个重要的姓氏，姜的古字羌上半部是羊，下半部是女（女），强调女人头上装饰羊角。羌族是一支存在已久的古老部落群，现今在西南地区仍有羌寨，是羌人聚集居住的地方。早期的羌人是一个游牧民族，

更以牧羊为主，生活上的一切所需均来自羊，将羊角装饰在头上也成为羌族人常见的装扮。羌人主食是羊肉，身上所穿的羊毛皮衣被称为羊皮褂子，生活上使用羊骨制造而成的器具。唐朝诗人王之涣曾在《凉州词》里写道："羌笛何须怨杨柳，春风不度玉门关"，诗中所指羌

白羊。

笛便是由羊骨磨制打孔而成，更是羌人随身携带的乐器之一。

在羌寨中到处可以见到羊的图腾，羌族人之所以崇拜羊神，源自古代一场攸关羌族存亡的战役。战争中羌族人受到羊神的启示，族中组成一批义勇战士，颈部系上羊毛编织成的线，模仿羊的攻击行为，赢得了最终的胜利。义（義）的古字 画的是一个人头上戴着羊角，身上背着 （武器）。而这些义勇战士显露出庄严的威仪，"仪"这个字便是源自"义"。羌族人认为羊神是族人的守护神，家家户户供奉着羊头，有些甚至在羊头羊角装上银制品或响铃装饰。羊头来源除了自行饲养取得，也来自其他部落的进贡，古人以"羞"这个字来表示进献。羞的古字 上半部是羊，下半部 代表手，就像手里拿着羊角进献的样子。古人以进献羊角表达臣服或友善之意，善的古字 即在羊角下方画口舌的形象，犹如进献羊角时说些祝福的话以表示善意。

羊角装饰品。

两只羊用头上的角，互相攻击。

汉字画

以羊角作为装饰的羌（羊）族，派遣姜（姜）姓女族人，手捧羊角羞（羞）怯地进献胜利者，并用祝福的话语表达善（善）意，部分羌族勇士则是头戴羊角，背着戈器等待时机起义（義）反抗。

此画由羌、姜、羞、善、义（義）等汉字组成。

qiāng
羌　　羌　　the Qiang ethnic group of Sichuan

字义说明 羌人；许慎解释，西戎地区的牧羊人，由人与羊组合而成。

说文解字 "西戎牧羊人也。从人，从羊，羊亦声。"

图1　　图2　　图3　　图4　　图5

字形说明 采直视角度，取人的侧面与羊角之形造字。

一个人头上插着羊角（图1、图2、图3）；上面羊角线条直线化，下面人的形象由侧身站立变为侧身蹲踞的样子（图4）；演变至今，字形线条结构改变：图1、图2、图3、图4→图5。

繁体	简体	英文

xiū

羞　　羞　　shame

字义说明　害羞、羞愧；许慎解释，进献羊角称为羞，由羊与丑组合而成。

说文解字　"进献也。从羊，羊所进也；从丑，丑亦声。"

图1　　　图2　　　图3　　　图4

字形说明　采直视角度，取手与羊角之形造字。

手拿着羊角（图1、图2）；上面羊角形状直线化，下面是手持羊角的样子（图3）；演变至今，字形线条结构改变：图1、图2、图3→图4。

常用词汇　恼羞成怒　闭月羞花

繁体	简体	英文

jiāng

姜　　姜　　surname Jiang

字义说明　姜姓；许慎解释，神农氏居住在姜水附近，以姜为姓，由羊与女组合而成。

说文解字　"神农居姜水以为姓。从女，羊声。"

图1　　　图2　　　图3　　　图4

字形说明　采直视角度，取女人与羊角之形造字。

女人侧身跪坐着，头上戴着羊角（图1）；上面羊角线条直线化，下面女人仍是侧身的形象（图2、图3）；演变至今，字形线条结构改变：图1、图2、图3→图4。

繁体	简体	英文

yì

義　义　justice

字义说明　正义；许慎解释，义有张显威仪的意思，由羊与我组合而成。

说文解字　"己之威仪也。从我、羊。臣铉等曰：'此与善同意，故从羊。'"

義　義　義　義

图1　　　图2　　　图3　　　图4

字形说明　采直视角度，取人、羊角与戈器之形造字。

　　　　　　上面是羊角，下面是人侧身形象，身上背着戈器（图1、图2、图3）；演变至今，字形线条结构改变：图1、图2、图3→图4。

常用词汇　舍生取义　义愤填膺

shàn

善　善　good

字义说明　善意；许慎解释，善有良好、美好的意思，由誩（jìng）与羊组合
而成。

说文解字　"吉也。从誩，从羊。此与义美同意。"

誩　誩　善　善
图1　　图2　　　图3　　　图4

字形说明　采直视角度，取人、羊角与口舌之形造字。
上面是羊角，下面有两张嘴说话的样子（图1、图2）；上面羊角
线条多变，下面仅保留一张嘴的口舌之形（图3）；演变至今，字
形线条结构改变：图1、图2、图3→图4。

常用词汇　心地善良　从善如流　多愁善感

两角羊。

四角羊。

妖媚之象

汉字
好好玩

对于"美"的定义可谓见仁见智，有人认为数大便是美，有人认为百花盛开是美，除了每个人视觉上对美的认知不同，美也存在地域与文化上的差异。有些部落以黑为美，像黑齿族人就将牙齿涂上黑色颜料。有些族

群以白为美，东方人普遍认为皮肤白皙才是美，所谓"一白遮三丑"，只要女性皮肤白相对就美。不仅女人爱美，男人也爱美，尤其魏晋南北朝时期的男人更是极力追求美，当时的男人常服用一些丹药，让自己的皮肤变得白皙柔嫩。

唐代认为女人身材丰腴才是美。

古人对美的看法因时代而异。许慎《说文解字》提到"羊大为美"，认为羊愈大愈代表美，美的古字美

就是画一个头上戴着羊角的人。古羌族人喜欢将羊角戴在头顶上，他们认为用羊角来装饰自己最美。中国历史上四大美女——西施、貂蝉、王昭君、杨贵妃，被后人形容有"沉鱼落雁，闭月羞花"之美，这四位美人代表着各朝代对美的认定不同。唐朝诗人白居易曾以"回眸一笑百媚生，六宫粉黛无颜色"来形容杨贵妃的美，诗中"笑"与"媚"这两个字的字源都与女人的姿态有关。笑的古字笑上半部是竹叶，下半部是一个人的头部屈斜的样子，像是头上装饰的竹叶，会让人心情开朗、一展笑

古代美人图。

竹叶装饰于头上。

颜。媚的古字 是一个侧身跪坐的女人，眼睛上缘特别画了睫毛，如同现今的女人化妆时强调眼线与刷长睫毛，好让眼神更有媚力。

另外，从体态上每个人对美的偏好也不同，所谓"环肥燕瘦"各有所好。环肥指的是杨贵妃，而燕瘦指的是赵飞燕；一个代表丰腴美，一个代表骨感美。古人形容赵飞燕体轻腰弱，腰骨纤细，有些人认为女人要有腰身才美。腰源自"要"这个字，要的古字就像一个女人

眼睫毛愈长愈美。

双手插放腰部展现腰身。杨贵妃虽然体态丰满却充满魅力，所以能集三千宠爱于一身。在唐明皇眼中杨贵妃是美人，然而对许多朝中大臣而言，杨贵妃是迷惑君王的妖女，妖的古字左边是一个女人侧身的样子，右边是夭。妖这个字源自夭，夭的古字为一个人斜屈着头，就像极力展现自己姿态的样子。

跳舞时女人腰身柔软，姿态优美。

女人侧身最能展现身体的曲线。

汉 字 画

女孩们侧身摆头展现妖（🝑、夭）艳的舞姿，有人将羊角戴在头上装扮美（美）丽；有人将竹叶插在头上并展露笑（笑）颜；也有人强调腰身要（𦝼）细，扭腰摆臀展现女人妖媚（𡠋）姿态。

此画由妖、夭、美、笑、要、媚等汉字组成。

繁体	简体	英文

yāo

夭　　夭　　to die young

字义说明　夭折；许慎解释，像人头倾斜的样子。

(说文解字)　"屈也。从大，象形。凡夭之属皆从夭。"

图1　　图2　　图3　　图4

字形说明　采直视角度，取人之形造字。

一人双手双脚打开，摆动双手的样子（图1、图2）；人侧着头的样子（图3）；演变至今，字形线条结构改变：图1、图2、图3→图4。

常用词汇　逃之夭夭

<table>
<tr><td>繁体</td><td>简体</td><td>英文</td></tr>
</table>

yāo

妖　妖　demon

字义说明　艳丽、妖媚；许慎解释，女子笑的样子。

说文解字　"巧也，一日女子笑貌。"

图1　　图2　　图3

字形说明　采直视角度，取女人之形造字。

左边一女人侧身的样子，右边女子则侧着头（图1）；右边女子头上多了草作装饰品（图2）；演变至今，字形线条结构改变：图1、图2→图3。

常用词汇　妖魔鬼怪　妖言惑众

<table>
<tr><td>繁体</td><td>简体</td><td>英文</td></tr>
</table>

xiào

笑　笑　to laugh

字义说明　笑容、开心。

说文解字　无。清代段玉裁《说文解字注》补充："笑，喜也。从竹，从夭。"

图1　　图2　　图3　　图4

字形说明　采直视角度，取人之形造字。

一人头上装饰着竹叶（图1）；人侧着头的样子（图2、图3）；演变至今，字形线条结构改变：图1、图2、图3→图4。

常用词汇　笑容可掬　不苟言笑　眉开眼笑

繁体　简体　英文

mèi
媚　媚　charming

字义说明　娇媚；许慎解释，女人柔媚之姿让人赏心悦目，由女与眉组合而成。

说文解字　"说（yuè）也，从女，眉声。"

图1　图2　图3　图4

字形说明　采直视角度，取女人侧身与眼睛之形造字。
　　　　　　一位女子侧身跪坐，强调大眼睛与两根睫毛（图1、图2）；左边是
　　　　　　女人跪坐，右边是眼睛形象，演变为"目"，人与眼睛分开（图
　　　　　　3）；演变至今，字形线条结构改变：图1、图2、图3→图4。

常用词汇　春光明媚　崇洋媚外　阿谀谄媚

měi

美　美　beauty

字义说明　美好；许慎解释，是一种甘味，羊是六类膳食（马、牛、羊、豕、犬、鸡）中的一种。由羊与大组合而成。

说文解字　"甘也，从羊，从大。羊在六畜，主给膳也。美与善同意。"

图1　　图2　　图3　　图4

字形说明　采直视角度，取人的正面与羊角之形造字。
上面是羊角，下面是人手脚打开的形象，头上戴着羊角（图1、图2）；羊角形象直线化，人的形象以"大"表示（图3）；演变至今，字形线条结构改变：图1、图2、图3→图4。

常用词汇　美轮美奂　成人之美　物美价廉

yào

要　要　to want

字义说明　应该、必须；许慎解释，身体中间部位，像人手插在腰部。由臼与交组合而成。

说文解字　"身中也，象人要自臼之形。从臼，交省声。"

图1　　图2　　图3　　图4

字形说明　采直视角度，取人正面之形造字。
一人双手插在腰上的样子（图1、图2、图3）；演变至今，字形线条结构改变：图1、图2、图3→图4。

常用词汇　紧要关头　简明扼要

陶瓷美人像，更能展现脸部白皙的皮肤。

红色颜料涂在脸上代表美。

网罗之象

汉字
好好玩

原始人类过着采食野菜野果，抓捕飞禽走兽的生活。由于最初没有任何工具的辅助，加上人类的行动远不如动物那么敏捷与迅速，所以常捕捉不到猎物。人类渐渐开始学习利用群体力量，包围猎物增加捕获量；但若遇到体形较大或较凶猛的野兽，群体围猎也会充满危险。随着经验的累积，人们慢慢懂得了制作一些简单的工具来协助狩猎，如制作弓箭、弹弓、编制网子，甚至设置陷阱，等等。狩猎工具不仅提高了猎物捕获的数量，也可作为很好的防

弹弓。

身武器。我们从狩猎工具的发展，可以看到远古先民智慧与经验的累积。

狩猎是一场人与动物的斗智过程，好的猎人必须了解动物的习性，才有机会捉住猎物。古籍曾提及古人可以徒手捉住鸟儿，这是因为了解鸟的习性。远古禽、兽数量比人多，对人类比较没有警戒心，海鸟常聚在岸边，有些更直接停在人的肩上，只要徒手就可以顺利捕捉。用手捉鸟的形象就是只（隻）这个字，隻的古字 上面是只小鸟，下半部 线条演变为"又"，其实就是手。隻就是画一手抓住小鸟的样子。如果手中捉住两只鸟，

一只手抓住小鸟。

鸟站在人肩上。

网具。

即"双"（雙），古字  便是画一只手抓住两只鸟的样子。能够同时捉住两只鸟当然是件好事，所以成语"双喜临门""一箭双雕"指的就是有两件以上好事同时发生。

远古先民"结绳而为网罟，以佃以渔"，说明他们已懂得针对不同的狩猎对象制作出不同的狩猎工具。古人利用绳子编织成各式各样的网子，专门捕鱼的网子称为"罟（gǔ）"，捕兔子用的网子称为"罝（jū）"。而用来捕鸟的网子则称为"罗"，罗的古字上半部是网子，代表绳索，罗的本义就是一张网子罩住了鸟。猎人会在鸟禽常出现的地方，撒放一些谷物吸引鸟儿来啄食，趁鸟啄食之际将绳索用力一拉，网子快速盖下便可网罗住鸟儿。

长柄网具。

除了用网子捕鸟之外，依照鸟类习性的不同，也发展出各类的捕鸟工具，例如"毕"与"率"在古代都是有握柄设计的捕鸟网具。两者在外形上有些差异，毕的古字上半部是大网子，下半部则是长柄；率的古字上下两端是竿柄，中间是丝网，捕鸟时由两人各握住一端网住猎物，是专门用来捕鸟的短柄网具。

短柄网具。

汉字画

为了捕鸟，猎人利用两端竿柄、中间丝网的率（率），及长柄大网的毕（畢）等网具，将鸟顺利网罗（羅）；有人徒手抓住一只（隻）鸟，也有人一手抓住两只鸟，一箭双（雙）雕。

此画由率、毕（畢）、罗（羅）、只（隻）、双（雙）等汉字组成。

繁体　　简体　　英文

bì
畢　　毕　　to finish

字义说明　结束、终止；一种柄长的捕猎工具；许慎解释，毕是田猎所用的网子，由苹（bān）与田组合而成。与毕有关的字，有哔、荜等。

说文解字　"田罔也，从苹，象毕形。"

東　　畢　　畢　　畢
图1　　图2　　图3　　图4

字形说明　采直视角度，取手与网子之形造字。
右下方有一只手，手拿着一张网（图1）；下面一根长柄，表示在田里用网子捕猎（图2、图3）；演变至今，字形线条结构改变：图1、图2、图3→图4。

常用词汇　毕恭毕敬　　原形毕露

繁体　简体　英文

shuài

率　率　to lead

字义说明　带领；许慎解释，一种专门用来捕鸟的工具，上下有握柄，中间有
　　　　　　丝网。与率有关的字，有摔、蟀等。

（说文解字）　"捕鸟毕也。象丝罔，上下其竿柄也。凡率之属皆从率。"

图1　　　图2　　　图3

字形说明　采直视角度，取网与长柄之形造字。
　　　　　　上半部是网面的部分，下半部是握柄（图1）；上下有握柄，中间 **出** 代表
　　　　　　网子的部分（图2）；演变至今，字形线条结构改变：图1、图2→图3。

常用词汇　草率了事

繁体　简体　英文

luó

羅　罗　to snare birds

字义说明　捕鸟的网；许慎解释，罗是用网捕鸟的意思。古代可能是由芒氏开始
　　　　　　制作网子，由网与维组合而成。与罗有关的字，有锣、箩、萝等。

（说文解字）　"以丝罟鸟也。从网，从维。古者芒氏初作罗。"

图1　　　图2　　　图3　　　图4

字形说明　采直视角度，取丝网罩住鸟的样子造字。
　　　　　　有一张网罩住鸟，网子有一拉绳的设计（图1、图2）；上半部的
　　　　　　网形象由 双 变为 ▭ （图3）；演变至今，字形线条结构微有改变：
　　　　　　图1、图2、图3→图4。

常用词汇　天罗地网　自投罗网　包罗万象

| 繁体 | 简体 | 英文 |

隻　只　single

zhī

字义说明 单独，也作量词用；许慎解释，隻是手中持一鸟，由又与隹组合而成。

说文解字 "鸟一枚也。从又，持隹。一隹曰隻，二隹曰雙。"

图1　　图2　　图3　　图4

字形说明 采直视角度，取手与鸟侧面之形造字。

右下方有一只手，手抓住鸟足的样子（图1、图2）；上半部鸟的形象线条已变化，下半部仍保留手的形象 ⲙ（图3）；演变至今，字形线条结构略微改变：图1、图2、图3→图4。

常用词汇 形单影只　只手遮天

shuāng
雙　　双　　double

字义说明　两个、偶数；许慎解释，双（雙）是手里持有两只鸟，由又与雠组合而成。

说文解字　"隹二枚也。从雠，又持之。"

$$图1 \quad 图2 \quad 图3$$

图1　　　图2　　　图3

字形说明　采直视角度，取手与两只鸟侧面之形造字。
　　　　　　下方有一只手，上方有两只鸟，即手上有两只鸟（图1）；上半部鸟的形象线条略有变化，下半部仍保留手的形象彐（图2）；演变至今，字形线条结构微略改变：图1、图2→图3。

常用词汇　一箭双雕　双喜临门

采诱食方式捕鸟，以谷物喂食鸽子。

鸟类容易受到惊吓而飞走。

汉字画五

园艺之象

汉字
好好玩

远古人类生活在山林之中，与青山为伍，绿水为邻。园林建设通常是在衣食无虞后，开始追求生活上的娱乐消遣；也唯有在政治与经济发展到一定的程度，才会进一步想到造林筑园享乐，造园代表了人们对环境美化的要求。据学者推测，最早的园林是从商朝时期才开

庭园。

始兴建，因为商王朝已有稳定的政治运作，经济上有足够的条件可以建造大型的园林，早期的园林是专门提供给君王游乐与狩猎活动的场所。根据《诗经》的记载，周文王建囿（yòu）造园，兴建了一座雄伟的"灵沼"，让鱼类、水禽恣意悠游于水中，并大量种植奇花珍木，养百兽于其间。

商代甲骨文中出现了园、囿、圃等与园林有关的古文字。园是指种植果树的地方，代表果园的意思，与专指园林的概念略有差异。囿是指人在自然环境下圈画出一定的范围，在这个区域内种植草木或饲养鸟兽所形成的风景园区。园林发展至秦汉时期出现了"苑"这个名称，秦汉时期的"上林苑"就是一座大型的皇家园林，据说秦始皇建造的阿房宫便是建于此园内，

皇家园林常会养一些珍禽异兽。

因此后世将园林统称为"囿苑"。圃则是指专门栽培蔬菜的地方，所以称为菜圃，这些蔬菜是为了满足皇室的需要。圃的古字𡈴、𤰜代表在种植范围内动手整理菜苗，而苗的古字𡋬就像在田里长出一株株的草。

园林形式可分为皇家园林、私家园林、寺庙园林与自然园林等类型。皇家园林是君王游乐与狩猎的地方，所以园区范围广大，建筑造型样式多变，园区内种植着奇花异草，圈养着珍禽异兽，常常耗尽国家之力来建造与维护。最有名的皇家园林便是颐和园，清朝慈禧太后

菜圃。

甚至不惜挪用海军军费进行修建。而1860年被英法联军放火焚毁的圆明园，融合了各式园林风格，运用了各种造园技巧，是造园艺术的典范，后人将其称作"万园之园"。园林风景的呈现与所种植的植物有关，通过植物的栽种可呈现出园林四季的变化，这也是一门艺术。艺的古字最初是 𡥀，左边是树木，右边有个人，像一个人低头整理这些花草树木；后来演变为 𦼉，上面是草木，下面类似台架，中间有人在整理草木与土壤，仍表现出人种植栽培的形象。园林里的一花一草、一树一木都是精心安排的，有园丁细心照顾这些珍贵的树木。树的古字 𣚤 右边是一只手，中间是一个类似豆器的盆具，上面有株植物，就像是有人在栽植的样子。

榕树栽培。

整理树苗。

汉字画

园林内种有一株株小树苗（囧），有的园丁动手整理树苗花圃（圃），有的从事园艺（藝）工作，有的则是照顾由树苗顺利长成的小树（樹）。

此画由苗、圃、艺（藝）、树（樹）等汉字组成。

繁体　简体　英文

miáo
苗　苗　sprout

字义说明　幼苗；许慎解释，草刚从土里长出来的样子，由艸（cǎo）与田组合而成。

说文解字　"艸生于田者。从艸，从田。"

图1　　　图2　　　图3

字形说明　采直视角度，取田与草之形造字。

田里长出草的样子（图1、图2）；演变至今，字形线条结构略有改变：图1、图2→图3。

常用词汇　揠苗助长

繁体	简体	英文

yì

藝　　艺　　skill

字义说明　园艺、技艺；艺的本字是埶，许慎解释，种植植物的意思，由坴与丮组合而成。

说文解字　"埶，种也。从坴(lù)、丮(jǐ)。持而种之。《诗》曰'我埶稷麦'"

图1　　图2　　图3　　图4

字形说明　采直视角度，取人与树之形造字。

左边是树木，右边是一人侧身的形象，像人在种植与整理草木的样子（图1）；上面是草，下面右侧是一人植栽的样子（图2）；上半部仍是人植栽草木的样子，下半部多了一个台子或架子（图3）；演变至今，字形线条结构改变：图1、图2、图3→图4。

常用词汇　多才多艺　技艺超群

繁体	简体	英文

shù

樹　　树　　tree

字义说明　树木，本义是栽树；许慎解释，植物的总称，由木与尌(shù)组合而成。

说文解字　"生植之总名。从木，尌声。"

图1　　图2　　图3　　图4

字形说明　采直视角度，取人种植草木之形造字。

左边容器上有植物，右边像植栽的工具（图1）；豆器上种植着草木，右边是一只手，手以彐表示（图2、图3）；演变至今，字形线条结构改变：图1、图2、图3→图4。

常用词汇　独树一帜　树大招风

繁体	简体	英文
圃	pǔ 圃	orchard

字义说明   菜圃；许慎解释，圃是专门用来种植蔬菜的地方，由口（wéi）
                 与甫组合而成。

说文解字   "种菜曰圃。从口，甫声。"

图1   图2   图3   图4

字形说明   采俯视角度，取田地与菜苗之形造字。
                 田里长出菜苗，有一只手整理菜苗（图1）；田地与菜苗（图2）；
                 田地与手（图3）；演变至今，字形线条结构改变：图1、图2、
                 图3→图4。

育苗之象

汉字
好好玩

北京颐和园是中国封建制度下最后一座皇家园林。这座皇家园林占地广阔，融合自然的山水景象，园内宫殿式的建筑群、亭台楼阁、拱桥流水、池塘美景无所不含。据记载，颐和园造园时不仅耗费巨资，还动用了上万名工人，后续园林的维护更是需要

颐和园融合自然山水。

充足的人力。许多园林因疏于照顾，任由植物生长而不加以修剪，很快地就变成了一座荒园，因此清朝政府为了颐和园的维护，还特地设置了一个管理单位，只园丁的人数就高达八十多位。植物是一座园林的灵魂，花草树木最能呈现园林的样貌，因而植物的栽种必须精心安排。园丁要了解植物的基本特性，并挑选适合当地气候与土壤的植物，才能造出一座美轮美奂的园林。

颐和园华丽的建筑。

植物与建筑相互辉映。

一位优秀的园艺家须掌握植物长成后的高度与枝叶生长的情况，并事先规划好栽种的区域范围，计算与建筑物保持最佳的距离空间。树木与建筑物两者的关系应是和谐的状态，才能达到相互辉映的效果，否则就有可能出现树木长大后遮挡了建筑物，或建筑物妨碍了树木生长的情况。相的古字 相 就像是一只眼睛观看树木的样子，园丁需要经常

观察树木的生长情况，尤其寒冬时节木苗受冻后，往往容易引发病虫害，因此必须经常检查，做好病虫害预防工作。若树木主干歪斜，也要视情况扶正，扶正时期宜选择树木休眠期进行。园林中的植物品种繁多，不过最常见的还是松树与柏树这两种树。因为松柏常青，一年四季都是绿色的枝叶，可让园林保持生机盎然；松柏又有长寿的意涵，许多园林的古松柏已有数百年历史。

保护树干。

园丁会亲自培育松树、柏树幼苗，并植入盆内养成具有观赏性质的盆景，盆景有移景入室的效果。园丁在选择树苗时，必须仔细观察与省视，省的古字 古 表示一只眼睛看着草木的样子。这些具有观赏性的树种，从发芽开始就被细心照料，乙的古字 乙 就是植物冒出新芽的样子。幼苗的主干笔直与否，会影响树木的成长，对园丁而言最直接的判断

刚长出的芽。

臬原是箭靶的意思。

方法，便是用眼睛观看，直的古字 直 就像是用眼睛来观察树木的生长状况。另外，古人会以鼻子作为判断树干笔直与否的标准，臬的古字 臬 就像是用鼻子对准树木，所以"圭臬"一词就有标准的意思。

汉字画

　　走入培育树苗的地方，工人将乙（　）株冒出新芽的树苗放入培育皿中，用眼睛省（　）察树木发芽情况，工人相（　）中一株小树木，用鼻子作为观察之圭臬（　），并判断树木成长是否笔直（　）。

　　此画由乙、省、相、臬、直等汉字组成。

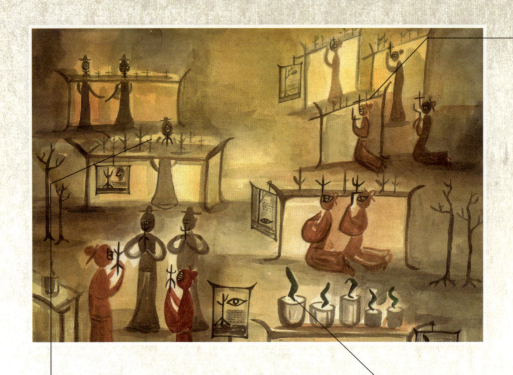

繁体　　简体　　英文

niè

臬　　臬　　rule/standard

字义说明　圭臬、标准；许慎解释，臬在古代为射箭时使用的箭靶，由自与木
组合而成。

说文解字　"射准的也。从木，从自。"

图1　　　图2　　　图3　　　图4

字形说明　采直视角度，取鼻子与树木之形造字。
　　　　下面一棵树木，上面是鼻子，鼻子对准树木的样子（图1、图2）；
　　　　鼻子线条已趋直线化，以"自"代表鼻子的样子（图3）；演变至
　　　　今，字形线条结构改变：图1、图2、图3→图4。

常用词汇　金圭玉臬

繁体	简体	英文

zhí

直　　直　　straight

字义说明　直线、正直，与"曲"相对；许慎解释，直是以眼睛直视测物件不
　　　　　弯曲之意，由十、ㄥ与目组合而成。与直有关的字，有值、植等。

说文解字　"正见也。从ㄥ，从十，从目。"

屮　凷　ㄓ　直　直
图1　　图2　　图3　　图4　　图5

字形说明　采直视角度，取眼睛测量物件之形造字。
　　　　　下面一只眼睛，上面是一直线，用眼睛测量的样子（图1）；眼前
　　　　　有一测量的物件（图2）；眼前有"十"字形的测量物，眼睛旁有
　　　　　ㄥ的测量平台（图3）；眼睛形象演变为"目"（图4）；演变至今，
　　　　　字形线条结构改变：图1、图2、图3、图4→图5。

常用词汇　勇往直前　直言不讳　理直气壮

繁体	简体	英文

yǐ

乙　　乙　　second in series

字义说明　顺序的第二代称、天干的第二位，本义为植物屈曲萌芽；许慎解
　　　　　释，乙是春天时草木发芽，刚从土里冒出来的样子。

说文解字　"象春艸木冤曲而出，阴气尚强，其出乙乙也。"

ㄅ　ㄣ　乙　乙
图1　　图2　　图3　　图4

字形说明　采直视角度，取植物生长刚冒出芽苗之形造字。
　　　　　草木冒芽时，芽茎弯曲的样子（图1、图2、图3）；演变至今，字
　　　　　形线条略有改变：图1、图2、图3→图4。

繁体	简体	英文

xiāng

相　　相　　to observe

字义说明　察看，相貌；许慎解释，相是以眼睛来察看树木的情况，由木与目
组合而成。与相有关的字，有箱、霜、想等。

说文解字　"省视也。从目，从木。"

   相　相
图1　　图2　　图3　　图4　　图5

字形说明　采直视角度，取树木与眼睛之形造字。
右边有一只眼睛，左边有一棵树木，眼睛看着树木的样子（图
1）；一只眼睛往下察看树木的样子（图2）；原本眼睛的形象改为
"目"（图3、图4）；演变至今，字形线条结构改变：图1、图
2、图3、图4→图5。

常用词汇　吉人天相　相夫教子

繁体 简体 英文

省 省 (xǐng) to observe

字义说明 省察；许慎解释，省是以眼睛来察看草木的样子，由少与目组合而成。

说文解字 “视也，从眉省，从屮（cǎo）。”

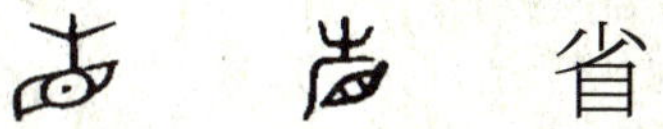

图1 图2 图3

字形说明 采直视角度，取眼睛与草木之形造字。

下面一只眼睛，上面是草木，眼睛观察草木的样子（图 1、图 2）；上半部草木转变为“少”这个字形，下半部以“目”代表眼睛（图 3）；演变至今，字形线条结构改变：图 1、图 2 →图 3。

常用词汇 发人深省　反躬自省

松树。

上百年的古树。

制麻之象

考古人员进行古墓挖掘时，常会找到一些零星的麻布碎片，古器物上也常有麻织物的印痕或图案。从这些出土的文物，可发现古人很早就懂得利用麻丝纤维。麻的种类众多，有大麻、亚麻、黄麻、苎（zhù）麻、蕉麻、萝麻等等。苎麻也被称为"中国草"，特别容易种植，在土里撒下苎麻种子，不需要太多的照顾就可以长得很好，一年更有三次收获的机会。

麻有独特的韧皮纤维，只要将麻去皮之后，麻茎的部分可以撕成又细又长的纤维。有了基本的麻丝纤维，便可制成捕鱼的渔网、牵牛绑羊的绳子、捕鸟的网子、搭建房屋的绳索，甚至纺制成麻衣。远古先民很早就掌握了麻的特性，并且发展出完整的治麻工序。从采麻到制成麻丝线，必须经过折麻去茎、削麻、搓麻、晒麻、浸麻、踩麻、绞麻等工序，过程既繁且烦，所以就有了"麻烦"一词的出现。

蔲（qióng）麻。

植物纤维。

古人从麻田将麻割采回来后，先将麻皮剥撕下来，留下麻茎的部分，再把麻茎纤维进行曝晒，麻的古字就是屋檐下挂着一缕缕麻丝线的样子。随着治麻经验的累积，发展出不同的刮麻、剥麻的工具，通过工具的摩擦阻力，将麻茎纤维变成细细的线，摩的古字就像是屋檐下有一只手正在整理麻茎或麻丝。有了麻丝之后，就可以开始绩麻，绩麻是将麻丝连接起来变成线。绩麻技术的好坏攸关麻线的品质，所以古人将麻绩成线的过程，称为"成绩"，绩麻技术愈好代表成绩愈佳；演变至今，"成绩"已成为分数与程度方面的代名词。绩麻成线后，就可以搓成绳索；古人对绳索粗细有不同的名称，粗的绳子称为"索"，比索细一点的称作"绳"，而更细的麻绳则称为"么"（麼）。么在古文中就代表很细的麻绳，么的古字𪊽上半部是麻，下半部是幺，就像是将麻丝编成一条细细的麻绳。

古人治麻时，需先将麻脱胶并软化，为的是让麻丝坚韧富有弹性。古人初期是先用石头打磨，使麻茎变得柔软，磨的古字𪍑像是将麻放置于石头上敲打的样子；虽然许慎《说文解字》中提到"磨"是磨制石器的意思，不过作者认为磨这个字，可能也与治麻有关。除了用石器敲打使麻茎软化外，古人也发现将麻泡在水里一段时间，更容易让麻茎软化与脱胶；脱胶后的麻纤维不仅容易散开，而且变得更为柔软。不过，泡过麻的水含有毒素，流入河中容易造成水里的鱼死亡，刚开始人们不知道鱼有毒而将死鱼取回家食用，很多人常常因此中毒或生病。

晒麻。

以石块刮压植物。

细的绳子称"么"。

粗的绳子称"索"。

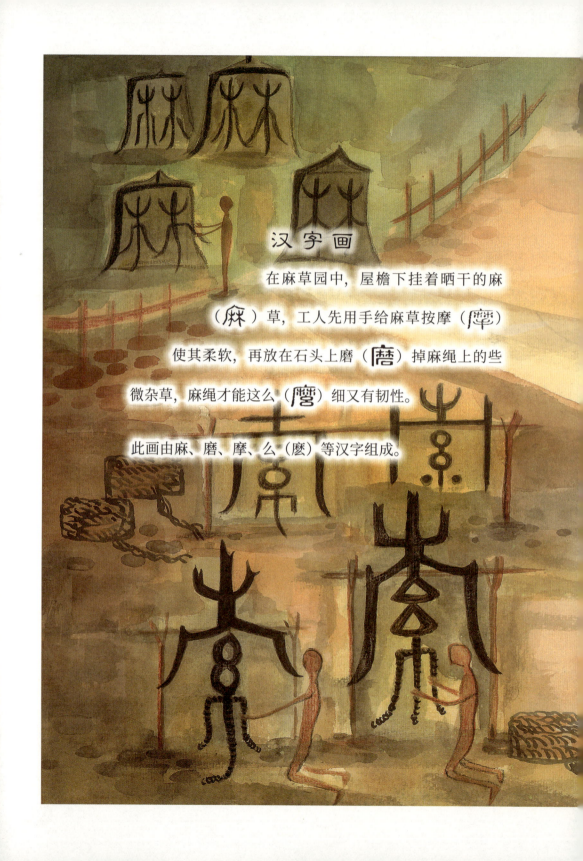

汉字画

在麻草园中，屋檐下挂着晒干的麻

（麻）草，工人先用手给麻草按摩（摩）

使其柔软，再放在石头上磨（磨）掉麻绳上的些

微杂草，麻绳才能这么（麼）细又有韧性。

此画由麻、磨、摩、么（麼）等汉字组成。

繁体　简体　英文

má

麻　麻　hemp

字义说明　麻草；许慎解释，古人在屋檐下整理麻草，由广（yǎn）与林（pài）组合而成。

说文解字　"与林同。人所治，在屋下。从广，从林。凡麻之属皆从麻。"

麻　麻　麻　麻
图1　图2　图3　图4

字形说明　采直视角度，取屋檐与麻之形造字。

屋檐下挂着麻草（图1、图2、图3）；演变至今，字形线条结构略有改变：图1、图2、图3→图4。

常用词汇　心乱如麻　披麻戴孝

繁体　　简体　　英文

麼　　么　　tiny
　　　me

字义说明　怎么、那么；许慎解释，么（麼）代表很细的绳子，由幺与麻组合而成。

说文解字　"细也。从幺，麻声。"

图1　　图2

字形说明　采直视角度，取麻编织之形造字。
上面是麻，下面是编织的绳线（图1）；演变至今，字形线条结构改变：图1→图2。

繁体　　简体　　英文

摩　　摩　　to rub
　　　mó

字义说明　摩擦；许慎解释，研制的意思，由手与麻组合而成。

说文解字　"研也。从手，麻声。"

图1　　图2　　图3　　图4

字形说明　采直视角度，取麻草与手之形造字。
左边屋檐下挂着麻草，右边有一只手整理麻草的样子（图1）；左边是手，右边是屋檐下挂着麻草（图2）；屋檐下挂着麻草，下面有一只手（图3）；演变至今，字形线条结构改变：图1、图2、图3→图4。

常用词汇　摩肩接踵　摩拳擦掌

<table>
<tr><td>繁体</td><td>简体</td><td>英文</td></tr>
</table>

		mó
磨	磨	to grind

字义说明 磨炼、石磨；许慎解释，磨的古字是礳。另《尔雅·释器》中提到
磨是石磨。作者认为磨应该是与古人使用石块撕开麻茎有关。

说文解字 "本作礳。《尔雅·释器》：'石谓之磨。'"

   磨
图1　　　图2　　　图3　　　图4

字形说明 采直视角度，取麻草与石头之形造字。
屋檐下挂着麻草，下面是石头（图1、图2、图3）；演变至今，字
形线条结构改变：图1、图2、图3→图4。

常用词汇 好事多磨　磨杵成针　切磋琢磨

麻绳之象

汉字
好好玩

结绳记事。

随着科技的进步，许多原本由天然材料制成的生活用品，如绳索，已渐渐被塑胶所取代。中国老祖先使用麻绳、草绳捆绑物品，不管是出门打猎，或上山砍柴，或下海捕鱼都离不开绳索，一条简单的绳索就可以解决许多麻烦的事情。反观现今的生活，虽然便利，却充斥着各式各样的塑胶制品，塑胶虽然可让现代人的衣食住行更为便捷，但其不易分解的特性，对环境所造成的长远破坏不容忽视。

对古人而言，绳索不仅是日常生活的必需品，也可拿来协助记录事情，甚至用来治理国家大小事，尤其在文字尚未发明前，原始部落领导者就是利用绳子来记录管理生活中大大小小的事物。许慎《说文解字》序中就曾提到古人结绳记事："事大结其绳大，事小结其绳小。"遇到重要的事情会用粗大的绳索打个大结，小一点的事则用细小的绳子打个小结，可见文字发明前古人对绳索的依赖度很高。

编草茎。

绳索最初的概念与来源其实很简单，就是随手折取野外路边的草茎或藤蔓作为绳索使用，所以索的古字鼗上半部是草叶的形状，下半部是草茎缠绕的样子。简而言之，索这个字的原始形象便是将草茎藤蔓相互扭卷起来，成为一条长长的线。不过这些随手摘取的草茎藤蔓易腐也易断，并不怎么好使用，古人在长期经验积累下发现，先将新鲜的植物纤维冲洗并去掉胶质与杂质后，再经反复曝晒等加工处理，便可得到坚韧且不易腐烂的植物纤维。处理过程中需要大量的人力相互帮忙，互的古字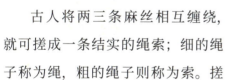像是纺丝线的工具，外形像"工"的形状，意即将原本散乱的麻丝，井然有序地缠绕在工具上；有了这些细线后，便可织成各式各样的生活用品。

工形器具。

古人将两三条麻丝相互缠绕，就可搓成一条结实的绳索；细的绳子称为绳，粗的绳子则称为索。搓

编绳索。

麻绳时必须依靠双手将麻丝纠缠在一起，纠的古字 左边是一条绳子，右边像两条缠绕在一起的麻丝线，所以纠这个字有纠缠、缠绕的意思。搓麻绳的过程中必须随时注意绳索的紧实度，紧的古字 就画一只手（ ）拿着麻丝线，眼睛（ ）盯着手中的麻丝线。对古人而言，一条松紧适中的绳子才是一条好的绳索。

汉字画

　　古人将两条细绳纠（糾）结在一起，并用工具将它相互
（互）缠绕，然后眼睛看着手中的麻丝线是否紧（緊）密，
确保制成坚韧的绳索（索）。

　　此画由纠（糾）、互、紧（緊）、索等汉字组成。

繁体	简体	英文

suǒ

索　索　rope

字义说明　绳索；许慎解释，将草木茎叶编织成绳索，由宋（bèi）与糸（mì）组合而成。

说文解字　"艸有茎叶，可作绳索，从宋、糸。"

   索

图1　　图2　　图3　　图4

字形说明　采直视角度，取草木编绳之形造字。

上面是草木，下面是编织的绳子（图1、图2）；上半部草木形象改为"十"，下半部仍是绳线（图3）；演变至今，字形线条结构改变：图1、图2、图3→图4。

常用词汇　离群索居　不假思索　按图索骥

jǐn

緊　　紧　　tight

字义说明　紧密；许慎解释，将丝线缠绕在一起，由臤（qiān）与丝组合而成。

说文解字　"缠丝急也，从臤，从丝省。"

緊　　緊　　緊
图1　　图2　　图3

字形说明　采直视角度，取眼睛、手与丝线之形造字。
　　　　　　　上面是眼睛与一只手，下面是丝线，像眼睛看着手拿丝线的样子
　　　　　　　（图1）；眼睛以"臣"表示，手以"又"表示（图2）；演变至今，
　　　　　　　字形线条结构改变：图1、图2→图3。

常用词汇　无关紧要　紧锣密鼓

hù

互　　互　　mutual

字义说明　互相；许慎解释，笃（chù）是一种竹制工具，可用来收丝或绳。

说文解字　"笃或省。"

互　　互　　互　　互
图1　　图2　　图3　　图4

字形说明　采直视角度，取用来收线或收绳子的一种工具之形造字。
　　　　　　　将丝绳绕在工具上，就不易散乱（图1、图2）；上下仍保留工具
　　　　　　　的形状，而中间圆弧形状，改为直线形（图3）；演变至今，字形
　　　　　　　线条结构略有改变：图1、图2、图3→图4。

常用词汇　互惠互利　互敬互爱　互通有无

繁体	简体	英文

jiū

纠　　纠　entanglement

字义说明　纠结；许慎解释，将三条线捻在一起成为绳子，由糸与丩（丩）组合
而成。

说文解字　"绳三合也，从糸、丩。"

 纠

图1　　图2　　图3　　图4

字形说明　采直视角度，取丝线之形造字。

两团丝线（图1）；左边是丝线，右边像是已相互缠绕而成的绳
（图2、图3）；演变至今，字形线条结构改变：图1、图2、图
3→图4。

常用词汇　纠缠不清

文字画九

缲丝之象

汉字
好好玩

商朝时期的甲骨文距今已有三千多年的历史，当时的甲骨文字已出现蚕、丝、帛、桑等相关文字；这些文字的出现，表示商朝在种桑、养蚕、纺织上已很熟稔（rěn）。据统计，已出土的四千多个甲骨文中，与"丝"有关的字高达一百五十多个。东汉时期，许慎《说文解字》一书，将九千多个汉字归类为五百四十个部首，其中一个部首就是"糸（mì）"，与"糸"有关的字，共有二百六十多个，这反映出古代养蚕缫（sāo）丝技术已相当的发达。汉字以部首来编排，这是一项聪明的设计，让每个字本身有清晰的归类。另外，汉语是以字为主的语言

棉花。

蚕丝。

系统，汉字中常出现同音异字的情况，由字来区分意思。例如，"棉袍"与"绵袍"是同音异字，同时也表示不同的成分。"棉袍"是指由棉花制成的衣服，古人制作衣服时会在内层放些棉花，如此才能增加保暖的效果。一般人穿"棉袍"，王室贵族则穿"绵袍"。"棉"与"绵"两者材质来源不

长袍。

同，"棉"是取自植物木棉，"绵"是取自动物蚕丝。绵丝是缫丝过程中，锅底留下的一些绵丝或绵絮，有些质地不佳的茧壳丝绪容易乱或容易断，导致无法缫丝，只能用来制作一些绵丝；这些零散且珍贵的丝绵可制成保暖的材料，就成为王公贵族身上的绵袍。

缫丝技术愈好，产出丝线的品质愈佳。缫丝又称治丝，就是煮茧时抽取生丝，将一只只的茧处理成为一条条的丝线，简单说就是"抽丝剥茧"。蚕丝属于动物纤维，尤其蚕茧为椭圆形，茧丝呈现相互缠绕的状态，经验丰富的治丝工人会先挑选出品质较佳的蚕茧，缫丝时丝

缫车。

绪才不会乱。乱的古字 ![] 左边的 ![] 和 ![] 均是手的形象，![] 便是茧的形象，右边的 ![] 像是被抽出的丝线，因此 ![] 就像是一双手在整理丝线的样子。缫丝过程须随时注意丝线的情况，丝线若断须马上接继上来。继的古字 ![]，左边是一条丝线，右边有四个小丝缕，继这个字有接续丝线的意思。缫丝完成后，便要割断丝线，断的古字 ![] 左边是一缕缕的丝，右边 ![]（斤）强调用利刃割断丝，才不会造成丝线紊乱。而紊的古字 ![] 上面 ![]，下面 ![]，乍看之下丝线是整齐地挂着，不过紊最初的本义是指丝线很乱，所以有"紊乱"一词。治丝工人遇到丝线缠乱时，最好的方法就是割绝，绝的古字 ![] 左边是糸，右下是一个人俯跪着，右上方是刀，绝这个字在古代是截断丝线的意思。

双手整理线团。

四个线团。

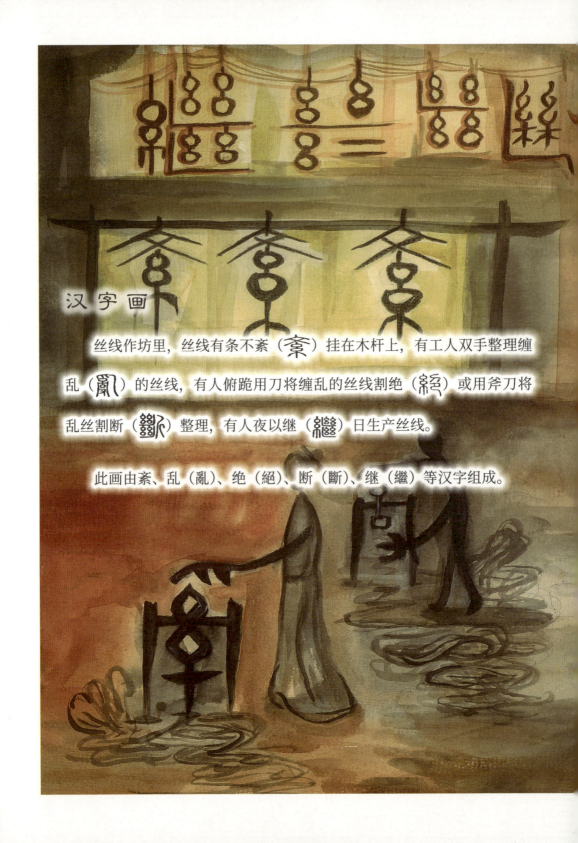

汉字画

丝线作坊里，丝线有条不紊（）挂在木杆上，有工人双手整理缠乱（𤔔）的丝线，有人俯跪用刀将缠乱的丝线割绝（絕）或用斧刀将乱丝割断（斷）整理，有人夜以继（繼）日生产丝线。

此画由紊、乱（亂）、绝（絕）、断（斷）、继（繼）等汉字组成。

繁体　　简体　　英文

wèn
紊　　紊　disorderly

字义说明　紊乱；许慎解释，紊是指丝线混乱的样子，由糸与文组合而成。

说文解字　"乱也。从糸，文声。"

　　　　縈　　紊
　　　　图1　　图2

字形说明　采直视角度，取丝线之形造字。
　　　　　　上面夊即"文"这个字，下面代表丝线，将丝线有序地整理完成
　　　　　　（图1）；演变至今，字形线条结构略有改变：图1→图2。

常用词汇　有条不紊

繁体	简体	英文

絕　　絕
jué　　绝　　to cut

字义说明　断绝；许慎解释，绝是将丝线割断的意思，由糸、刀与卩（jié）组合而成。

说文解字　"断丝也。从糸，从刀，从卩。"

图1　　图2　　图3　　图4

字形说明　采直视角度，取丝线被割断之形造字。

两缕丝从中割断（图1、图2）；左边一缕丝线，右下边是一跪坐的人，右上边是一把刀，像一人以刀割丝的样子（图3）；演变至今，字形线条结构改变：图1、图2、图3→图4。

常用词汇　深恶痛绝　空前绝后

繁体	简体	英文

亂　　乱
luàn　　乱　　confused

字义说明　杂乱、没有秩序；许慎解释，将散乱的情况加以整理而有顺序。作者认为乱是整理缠结的丝线。

说文解字　"治也。从乙，乙，治之也；从𤔔（luàn）。"

图1　　图2　　图3

字形说明　采直视角度，取手整理之姿造字。

上面有一只手，下面有一团缠绕的丝线（图1）；中间是丝线团，上下是手的样子，右边是一条丝线，像是一双手整理散乱的丝线（图2）；演变至今，字形线条结构改变：图1、图2→图3。

常用词汇　乱七八糟　乱中有序　心烦意乱

繁体	简体	英文
	duàn	
斷	断	cut off

字义说明 切断；许慎解释，断（斷）是截开割断的意思，由斤与㡭（𢇍）组合而成。

说文解字 "截也。从斤，从㡭。"

图1　　图2　　图3

字形说明 采直视角度，取丝缕与斤器（斧刀类工具）之形造字。

左边是丝线，右边是斤器，即斧刀之类的工具，用工具将丝截断（图1、图2）；演变至今，字形线条结构改变：图1、图2→图3。

常用词汇 当机立断　优柔寡断　藕断丝连

jì

繼　　继　to continue

字义说明　继续、连续；许慎解释，继有接续的意思，由糸与䙅组合而成。

说文解字　"续也。从糸、䙅。一曰反𢇍为继。"

88　䙅　䙅　䌛　繼
图1　图2　图3　图4　图5

字形说明　采直视角度，取丝线之形造字。
　　　　　仅画出一缕缕的丝线（图 1）；像是架子上放着一缕缕的丝线（图
　　　　　2）；原 88 以 𢇍 来表示（图 3）；左边有一缕丝线，右边有四个小
　　　　　丝团（图 4）；演变至今，字形线条结构改变：图 1、图 2、图 3、
　　　　　图 4 →图 5。

常用词汇　夜以继日　继往开来　焚膏继晷

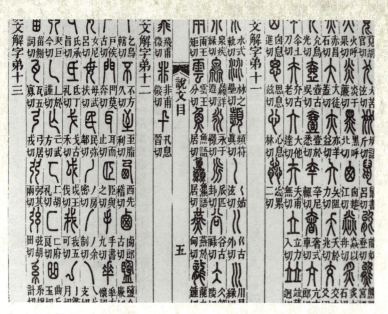

《说文解字》将汉字分类为五百四十个部首，系是其中一个部首。

紊乱的线。

汉字画十

润丝之象

蚕茧。

中国明清两代有大量的瓷器运至西方，英文单词 China 除了代表"中国"，也有"瓷器"之意，西方人认为中国是瓷器之国。不过，更早之前欧洲将中国称为 Seres，即丝的意思，当时的中国被认为是产丝之国。西方对中国丝的来源充满着各种想象，谣传丝是树上结的白色果子，加了水之后变成了丝；西方人口中的白色果子其实就是蚕茧。不仅西方对中国丝充满好奇，连古代中国也流传着丝起源的各种传说。相传，有一天嫘（léi）祖在树下煮一锅水，不巧从树上掉下一颗茧，嫘祖急忙拿一根树枝想将茧捞起，没想到茧没捞起却拉起一条又细又长的线；线愈拉愈长，嫘祖看着这泛着光芒且绵绵不绝的线，激发了灵感，相信若将这白色丝线裹在身上应该会轻软且舒适，从此开启了嫘祖种桑养蚕取丝的美丽传说。

丝制衣服。

晒架。

从东方到西方，从古代至现代，丝绸之所以珍贵在于丝的来之不易，从植桑、养蚕、练丝到纺纱、织布、刺绣，过程耗时费力，才能完成一件丝织品。制丝过程繁复，任何一个步骤出问题都会影响丝的品质，其中一个环节称为练丝，即将生丝练为熟丝。制丝的工匠大都选择在春季练丝，待夏秋两季再进行丝线的染色，因夏秋正是植物成长与成熟的时期，山野中可随时取得大量天然的植物染料。

古人将未练过的丝称为生丝，已练过的丝称作熟丝，练丝过程就是要将原本质粗、色黄、较脆的生丝变成柔软、色白、韧弹的熟丝。练丝分为灰练与水练两个阶段，灰练是先将草木或稻秆烧成灰后，加入清水和成灰水，将丝浸泡在灰水里，通过灰水中的碱性成分去除部分的丝胶；接着再进行水练，将丝浸泡在水中，之后挂起来晒干。就这样反复地浸水与曝晒，经过七天七夜的水练即能达到完全脱胶的效果，这时候的丝就可称为熟丝。

晒丝。

台湾少数民族的染线方式，将丝线泡在泉水里。

多次的水练可保持丝线滋润的状态，滋的古字🐛像是丝线浸泡后滋润的样子，滋的字源🐛即"兹"这个字，下半部两个幺（yāo）指的就是丝线。练丝过程需要充分的水与日照，有足够的湿度才能显现丝的光泽，湿（濕）与显（顯）这两个字同时出现"㬎"的形象，"㬎"就像太阳下晒丝线。湿的古字🐛可视为丝线在太阳下泡

台湾少数民族的染线方式，将丝线晾晒在山谷中。

在水中的景象；而显的古字🐛则是画在阳光下晒丝。制丝工人仔细观察丝的晾晒程度，🐛代表一个人正在看着丝线。丘陵幽谷是练丝的最佳场所，那儿有清澈的泉水与充足的阳光，幽的古字🐛像是山谷中挂着一串串丝线，丝线放置在幽谷之中是为了让它慢慢地晾干。

汉字画

制丝工人利用山泉水滋（）润丝线，丝线在阳光下浸泡湿（）润后，仔细观察丝线日晒程度，显（）示品质无虞后，兹（）将其置于幽幽（）山谷之中晾干。

此画由滋、湿（濕）、显（顯）、兹、幽等汉字组成。

繁体	简体	英文
	yōu	
幽	幽	secluded

字义说明　幽暗；许慎解释，山谷中隐蔽不显的意思，由山与丝（yōu）组合
　　　　　　而成。

说文解字　"隐也。从山中丝，丝亦声。"

图1　　　图2　　　图3　　　图4

字形说明　采直视角度，取山谷与丝之形造字。
　　　　　　山谷挂着丝线（图1）；山谷形象以直线代表，丝线在山谷中（图2、
　　　　　　图3）；演变至今，字形线条结构改变：图1、图2、图3→图4。

常用词汇　空谷幽兰

繁体 **简体** **英文**

zī

兹　兹　now

字义说明　此;《说文》作兹,许慎解释,草木生长茂盛的样子,由艸与丝组合而成。作者认为兹的古字应与丝帛有关。与兹有关的字,有滋、磁、慈、孳等。

说文解字　"兹,艸木多益。从艸,丝省声。"

图1　　图2　　图3　　图4

字形说明　采直视角度,取丝线之形造字。
两团丝线(图1、图2);丝线头处呈草木的样子(图3);演变至今,字形线条结构改变:图1、图2、图3→图4。

常用词汇　念兹在兹　兹事体大

繁体 **简体** **英文**

zī

滋　滋　to nourish

字义说明　滋润、滋生;许慎解释,滋是丝线润泽的样子,由水与兹组合而成。

说文解字　"益也。从水,兹声。"

图1　　图2　　图3　　图4

字形说明　采直视角度,取丝线与水之形造字。
左边是水,右边是丝线,像丝线泡水后滋润的样子(图1、图2、图3);演变至今,字形线条结构改变:图1、图2、图3→图4。

常用词汇　个中滋味

繁体	简体	英文
	shī	
濕	湿	wet

字义说明 　湿润；许慎提到，有可能古代治丝时的水源出自东郡东武阳这个地方，再慢慢流入大海，由水与㬎组合而成。

说文解字 　"水出东郡东武阳，入海。从水，㬎声。"

图1　　图2　　图3

字形说明 　采直视角度，取丝线浸水之形造字。
左边是水，右下是丝线，右上有一太阳，像太阳下丝线浸泡在水中（图1、图2）；演变至今，字形线条结构改变：图1、图2→图3。

xiǎn
顯　　显　　to show

字义说明　显示，明显；许慎提到，显是头上有装饰，由页与㬎组合而成。作者认为显应与晒丝时观察丝线的状态有关。

说文解字　"头明饰也。从页，㬎声。"

图1　　图2　　图3　　图4

字形说明　采直视角度，取人、日光与丝线之形造字。

左上有一太阳，左下有丝线，右边有一侧面站立的人，眼睛看着丝线的样子（图1）；左边仍是太阳下有两缕丝线，右边原本侧立的人，变成蹲踞的样子（图2、图3）；演变至今，字形线条结构改变：图1、图2、图3→图4。

常用词汇　大显神通　显而易见

蚕茧。

剥茧。

汉字画十一

染丝之象

汉字好好玩

中国为世界第二大经济体，经济发展影响着国际产业的走向。如果想知道下一季时尚界流行什么颜色，只要到中国染料厂看看染色工人身上的颜色，便可窥见流行的趋势。我国早在周朝就已经设置了专门染色的机构，当时从事染色的人称为染工。染工们最重要的工作，就是要染出官方规定的五种标准颜色，即赤、青、黑、白、黄这五色，称为"正五色"。有了这五种基本的颜色，才能调配出其他美丽又丰富的色彩。

朱砂是红色染料。

栀子是黄色染料。

染制时，染工们须先对丝、麻、葛、藤、皮等原始样貌的素色进行加工，素的古字 就像是将丝或麻直接编成系的形状，最后成为线或绳；即使是原始的素色，也要经过染色处理，才能使之更为洁白光亮，所以素色又被视为白色。这幅染丝之象可以看到有白色、黑色、红色、绿色等染缸，这些染缸可以染制出不同色系的丝线。系的古字 画一只手抓着丝线，就像染工们随时拿着丝线进行染制的样子。

马蓝是蓝色染料。

红色是中国人最喜欢的颜色，红色亦称为赤色，红的古字 左边代表丝的形象，右边则像是丝线绕在工具上的样子。染工们所使用的染料多取自天然的植物与矿物，最常见的红色染料来源有茜草、红花、朱砂等等，也有利用紫胶虫当作红色染料。紫胶虫是寄生在荔枝树、龙眼树上的一种害虫，不过，却是很好的红色染料来源。

蓝色染缸。

青色又代表绿色，树叶、树皮或草茎都是很好的绿色染料来源。植物染料中最常见的就是蓝草，蓝草又可分为菘（sōng）蓝、蓼（liǎo）蓝、马蓝、木蓝、苋（xiàn）蓝等种类。蓝草所制成的染汁称为靛（diàn）或蓝靛，靛字的左边是青（代表绿色），绿的古字 ![绿古字]、![绿古字] 最初的形象是用棉布将草叶包裹住，再用树枝或工具拧挤出汁液。古人言："青出于蓝，而胜于蓝。"由于青色取自蓝草，如果将一块白色的布放置于蓝靛中，最初染出来的是青绿色；只有经过多次的重复浸染，才会形成蓝色。

初次浸染时，呈现绿色。

多次重复染，才会出现蓝色。

玄色又称为黑色，玄的古字 ![玄古字] 下半部幺就是丝，上半部 ![人字] ，整个形象就像是将挂着的丝线染黑。而黑色染料最直接的来源就是黑色的烂泥巴，或是炉灶内壁黑色的沉积物，但也有人利用墨鱼汁或者干燥的莲子壳来当成黑色染料。

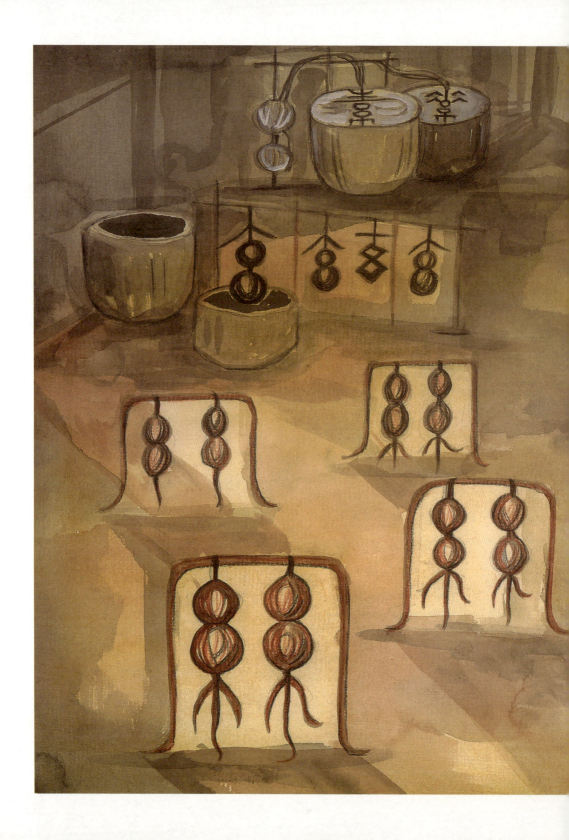

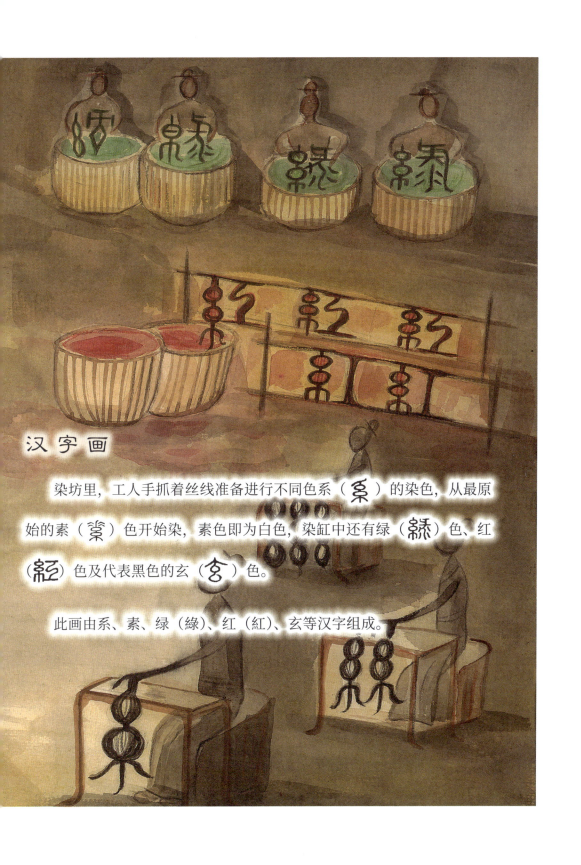

汉字画

　　染坊里，工人手抓着丝线准备进行不同色系（系）的染色，从最原始的素（素）色开始染，素色即为白色，染缸中还有绿（綠）色、红（紅）色及代表黑色的玄（玄）色。

　　此画由系、素、绿（綠）、红（紅）、玄等汉字组成。

繁体	简体	英文

素　　素　uncolored

sù

字义说明　原本的颜色；许慎解释，素是白色细致的丝帛，由糸与巫（chuí）组合而成。与素有关的字，有愫、嗉等。

说文解字　"白致缯（zēng）也。从糸、巫，取其泽也。凡素之属皆从素。"

🌿　🌿　素
图1　图2　图3

字形说明　采直视角度，取丝线之形造字。

上半部是花叶形象，下半部是丝线（图1）；上半部改以直线条
🌿呈现，下半部保留丝线样子（图2）；字形线条结构改变：
图1、图2→图3。

常用词汇　素昧平生　我行我素

綠　绿　green
　　lǜ

字义说明 绿色；许慎解释，丝帛呈青黄色的意思，由糸与录（lù）组合而成。

说文解字 "帛青黄色也。从糸，录声。"

图1　图2　图3

字形说明 采直视角度，取丝线染青之形造字。
左边是一缕丝线，右边像一榨汁工具（图1）；左边丝线，右边丝线染汁的样子（图2）；演变至今，字形线条结构改变：图1、图2→图3。

常用词汇 青山绿水　绿草如茵

系　系　a series
　　xì

字义说明 系列；许慎解释，系有繋（xì）的意思，由糸与丿组合而成。与系有关的字，有係等。

说文解字 "繋也。从糸，丿声。凡系之属皆从系。"

   系

图1　图2　图3　图4

字形说明 采直视角度，取手拿丝线之形造字。
上半部是一只手，下半部是丝线，手拿三团丝线的样子（图1）；手拿两缕丝线（图2）；以丿代表手，下面保留一缕丝线的形状（图3）；演变至今，字形线条结构改变：图1、图2、图3→图4。

常用词汇 直系血亲　系出同门

 繁体 简体 英文

xuán

玄　　玄　dark/black

字义说明　黑色；许慎解释，幽暗而深远的样子。黑色中带有一点红色称为
玄。与玄有关的字，有炫、眩、弦等。

说文解字　"幽远也，黑而有赤色者为玄，象幽而入覆之也。凡玄之属皆从玄。"

含　玄　宫　玄
图1　　图2　　图3　　图4

字形说明　采直视角度，取丝线染黑之形造字。
一团丝线（图1、图2、图3）；幺代表丝线（图4）；演变至今，
字形线条结构改变：图1、图2、图3→图4。

常用词汇　故弄玄虚　玄机妙算

hóng

紅　　红　　red

字义说明　红色；许慎解释，红色即赤色的意思，由糸与工组合而成。

说文解字　"帛赤白色。从糸，工声。"

紅　紅　紅
图1　　图2　　图3

字形说明　采直视角度，取丝线与工具之形造字。
　　　　　　左边为丝线，右边"工"代表架子（图1、图2）；演变至今，字
　　　　　　形线条结构改变：图1、图2→图3。

常用词汇　面红耳赤　万紫千红　灯红酒绿

谷物也可当染料。

灶内的灰也是黑色原料。

汉字画十二

妻妾之象

汉字
好好玩

远古时期，部落间常出现抢婚的现象，将其他部落的女人抢夺掳掠过来成为自己的妻妾。因为女人具有生育的功能，愈多女人就代表可以繁衍更多的后代；男人将女人视为所有物，所以拥有女人愈多就代表财产愈多。抢夺来的女子需要妥善的安置，妥

手抓着女人。

的古字 上面是一只手，下面是一个女人，就像手抓着女人的样子。中国

古代夫妻关系是男主外，女主内，女人料理家事。

古代新娘的轿子。

传统家庭结构是"男主外，女主内"，女人负责传宗接代、料理家务、照顾生活起居……女人在家操持着各种家务，让男人可以安心在外打拼，安的古字 上半部代表屋室，屋室里有个女人；女人待在家里对男人而言有一种安定感。

现代的婚姻关系强调一夫一妻，古代中国的婚姻制度则允许一夫多妻。王公贵族及富豪之家的男人，同时拥有三妻四妾更是常态，女人必须默默接受这种情况，因为那是男尊女卑的年代。在中国的文化传统中，养儿育女、传宗接代是根深蒂固的观念，正所谓"不孝有三，无后为大"，只有生了儿子的妻子，才可能在夫家稳住

地位。当妻子无法正常生育或没能生出儿子时，势必有人接续生育的工作。所以妾有一个很大的任务就是传宗接代，妾的出现就是来接续妻子的角色。

头上插上装饰物。

妻妾有别，妻是依礼聘娶，享有权力与地位；最初妾又代表奴的意思，所以有"妾奴"之称，妾可以随时买卖，甚至当男主人过世后，也可能被当作殉葬品。妻贵妾贱，两者身份地位不同，其实从古字的造型差异即可窥见一二。妻的古字 𡚾 手拿着 𐭊 形象的东西放在女子的头上。而 𐭊 究竟是什么呢？有可能是草或装饰品，就像西方人将月桂枝叶编织成环，戴在头上代表胜利的意思。在男尊女卑的古代，妻虽较妾的地位高，但仍被男人视为私有财产，随时可能出现因无子而休妻的情况。妾最早的来源是犯罪者，也是女奴，妾的古字 𡴋 女字头上有一个"辛"，辛在古时是一种执行黥（qíng）刑的工具。所谓黥刑便是将罪犯文面或文身，用以惩罚与识别。辛的古字 𐊤 类似一把锥子或凿子的形状，专门作为文身、文面之用。

文面或文身的工具。

文面。

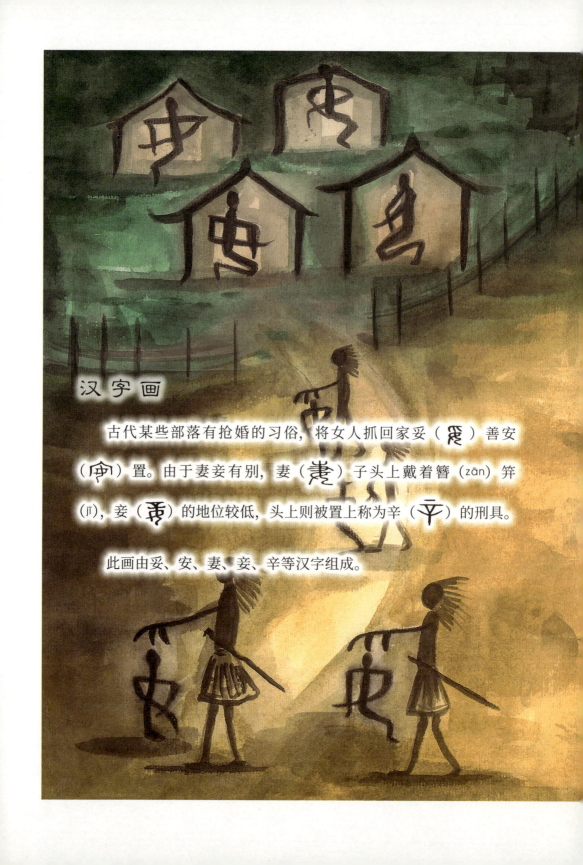

汉字画

古代某些部落有抢婚的习俗，将女人抓回家妥（ ）善安（ ）置。由于妻妾有别，妻（ ）子头上戴着簪（zān）笄（丌），妾（ ）的地位较低，头上则被置上称为辛（ ）的刑具。

此画由妥、安、妻、妾、辛等汉字组成。

| 繁体 | 简体 | 英文 |

tuǒ

妥　　妥　　well-arranged

字义说明 妥善、妥当；许慎解释，安稳、安定的意思，由爪与女组合而成。

说文解字 "安也。从爪、女。妥与安同意。"

图1　　图2　　图3

字形说明 采直视角度，取女人与手之形造字。
上面一只手，下面是女子，就像手抓着一名女子（图1、图2）；
演变至今，字形线条结构改变：图1、图2→图3。

常用词汇 妥首帖耳　千妥万当

ǎn

安　　安　　safety

字义说明　安静、安全；许慎解释，有安静的意思，由女与宀组合而成。

说文解字　"静也。从女在宀下。"

安　　　图1　　图2　　图3　　图4

字形说明　采直视角度，取屋室与女人之形造字。

上面是屋室，下面是一名侧身跪坐的女子，女子静静地待在室内（图1、图2、图3）；演变至今，字形线条结构改变：图1、图2、图3→图4。

常用词汇　安居乐业　安身立命

qī

妻　　妻　　wife

字义说明　妻子；许慎解释，夫的另一半称为妻，由女、屮与又组合而成。

说文解字　"妇与夫齐者也。从女，从屮，从又。又，持事，妻职也。"

妻　　　图1　　图2　　图3　　图4

字形说明　采直视角度，取女人之形造字。

女人头上有个装饰品（图1、图2）；下面是一女人，上面是一只手，手拿着屮，屮代表草或装饰物（图3）；演变至今，字形线条结构改变：图1、图2、图3→图4。

常用词汇　贤妻良母　糟糠之妻

繁体　　简体　　英文

qiè
妾　　妾　concubine

字义说明　纳妾；许慎解释，有罪的女子称为妾。男子娶妾时，不给聘礼，由辛（qiān）与女组合而成。与妾有关的字，有接等。

说文解字　"有辠（注：zuì，同罪）女子，给事之得接于君者。从辛，从女。《春秋》云：'女为人妾，妾不娉也。'"

昬　妾　妾　妾
图1　图2　图3　图4

字形说明　采直视角度，取女子与辛（一种纹刻的工具）之形造字。
女子侧身跪坐着，头上有一把辛（图1、图2、图3）；演变至今，字形线条结构改变：图1、图2、图3→图4。

常用词汇　三妻四妾

xīn

辛　辛　toilsome

字义说明　辛劳、辛苦；许慎对辛有两种解释：其一，秋天时万物成熟，辛是一种气味，辛辣味会让人流泪，由辛与一组合而成；其二，辛是一种惩罪工具，是一种刑具。

说文解字　"秋时万物成而孰，金刚味辛，辛痛即泣出。从一，从辛。辛，皐也。辛承庚，象人股。凡辛之属皆从辛。"

$$\text{辛} \quad \text{辛} \quad \text{辛} \quad \text{辛} \quad \text{辛}$$
图1　　图2　　图3　　图4　　图5

字形说明　采直视角度，取专门文身或文面的工具之形造字。
一把锥子的形象（图1）；一种文身文面的工具，亦被当成刑具（图1、图2、图3、图4）；演变至今，字形线条结构改变：图1、图2、图3、图4 →图5。

常用词汇　千辛万苦　含辛茹苦

迎娶。

迎娶。

汉字画十三

奴婢之象

汉字好好玩

19 11年的辛亥革命结束了中国两千多年的帝制，也代表着封建社会的结束。古代的封建制度就是一种阶级制度，有阶级就有贵贱之分。中国的奴隶有很多种类，成因也不尽相同。在汉朝，奴隶的产生主要来自土地兼并，土地成为地主的私有财产，人民为躲避战乱，纷纷投靠大地主，也成为大地主的私有财产。贵族、大地主需要许多的奴仆来服侍，有些奴隶过着悲惨的生活，常遭受严苛与不人道的对待，不能自由行动。若不听从指令，就会遭到打骂或虐待；如果逃跑被抓回，就会受到更严厉的拷打与处罚。隋唐时期，法律上已有明确的贵贱之

关奴隶的地方。

各类刑具。

分，如果奴隶殴伤良民要处死，良民若打死自己的奴隶，奴隶有罪的话就不追究，奴隶无罪的话只会判刑，且可以用钱赎免。

奴隶还有其他一些来源：有些是罪犯被贬为奴隶，有些是通过买卖，有些则是自愿献身；也有是因为身份世袭，祖辈们是奴隶，下一代也世袭了奴隶的身份。不过，奴隶最早的来源应是战俘，部落间常发生战争，战败一方就会成为俘虏，进而成为奴，奴的古

抓着奴隶的样子。

字![字形](右边是一只手，左边是一个女人，就像手抓着女人的样子。其实古代对奴有不同的称呼，小孩为奴童，男子为奴隶，女子为奴婢。而对于有才能、具特殊技能的奴人，则称为奚奴。奚的古字![字形]、![字形]上面是手，一个人手抓着头发；古籍中记录"奚三百人"就代表捉到了三百个奴隶。被俘虏的人中某些人有一技之长，这些人就被安排去做原本擅长的工作，例如，工匠被派去制造工具，擅长制酒的女人就担任酿酒的奴婢。古代有一种酒称为女奴酒，简称为女酒，就是由奴婢酿制而成。由于这种酒口感极佳，因此王公贵族常常用女酒来宴请宾客。婢的古字![字形]左边是个女人，右边![字形]是一只手拿酒壶的样子，就像正在酿酒的女人。

许慎《说文解字》中提到有罪称为奴，奴又可称为童，童的古字![字形]最初是把眼睛刺瞎，后来演变成![字形]，就像一副刑具放置在头上，将刑具插在头上有惩罚与提醒的作用。

酿酒过程。

酒袋。

背负重物。

汉字画

古代战俘被视为战利品，女的被抓去当奴（奴）婢，小孩也要背负重物做童（童）工，婢（婢）女手拿酒壶卑（卑）微地酿着女奴酒，常常会被抓住头发奚（奚）落一番。

此画由奴、童、婢、卑、奚等汉字组成。

繁体	简体	英文
童	tóng 童	child

字义说明　儿童；许慎解释，男子有罪称为奴，奴又称童；女有罪称为妾。由辛与重组合而成。与童有关的字，有幢、僮 (tóng) 等。

说文解字　"男有皋曰奴，奴曰童，女曰妾。从辛，重省声。"

图1　图2　图3　图4　图5

字形说明　采直视角度，取人与辛（文面或文身的工具）之形造字。
一个人头上插着辛，身上背着物品（图1）；眼睛上方插着辛的文身工具，　代表包袱（图2）；眼睛上方插着刑具，身背重物，站在土堆上（图3）；演变至今，字形线条结构改变：图1、图2、图3、图4→图5。

常用词汇　童言无忌　童叟无欺　金童玉女

繁体　简体　英文

奴　奴　slave
　　nú

字义说明　奴隶、奴婢；许慎解释，古代犯罪者被当成奴，由女与又组合而成。

(说文解字)　"奴婢皆古之辠人也。《周礼》曰：'其奴，男子入于辠隶，女子
　　　　　　入于春藁（gǎo）。'从女，从又。"

图1　　图2　　图3　　图4

字形说明　采直视角度，取女人侧身与手之形造字。
　　　　　　左边是一名女子，右边是一只手，手抓着女子的样子（图1、图2、
　　　　　　图3）；演变至今，字形线条结构改变：图1、图2、图3→图4。

常用词汇　奴颜婢膝

繁体　简体　英文

奚　奚　to taunt/to ridicule
　　xī

字义说明　奚落，奚奴；许慎解释，大肚子的意思，由大与繸组合而成。与奚
　　　　　　有关的字，有溪、鸂（鸡）等。

(说文解字)　"大腹也。从大，繸省声。繸籀（zhòu）文系字。"

图1　　图2　　图3　　图4

字形说明　采直视角度，取人正面形象与手侧面之形造字。
　　　　　　下面是一个正面形象的人，上面被一只手抓着，像奴隶被揪住头发的
　　　　　　样子（图1）；人的形象简化，强调头上的头发被抓着（图2、图3）；
　　　　　　演变至今，字形线条结构改变：图1、图2、图3→图4。

繁体	简体	英文

bēi

卑　　卑　　humble

字义说明　卑微；许慎解释，从事低贱之事，由甲与 ナ（zuǒ）组合而成。

（**说文解字**）　"贱也，执事也。从ナ、甲。"

　畀　　宭　　畀　　卑

图1　　　图2　　　图3　　　图4

字形说明　采直视角度，取酒器与手之形造字。

上面是酒器，下面是一只手，为手拿酒器的样子（图1）；酒器形象略有变化（图2）；酒器形象改变，手以十代表（图3）；演变至今，字形线条结构改变：图1、图2、图3→图4。

常用词汇　不卑不亢　男尊女卑

bì

婢　　婢　　slave girl

字义说明　　奴婢；许慎解释，女子身份地位卑微称为婢，由女与卑组合而成。

说文解字　　"女之卑者也。从女，从卑，卑亦声。"

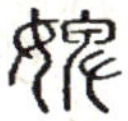

媲　　禩　　婢

图1 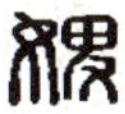　　　图2　　　图3

字形说明　　采直视角度，取女人与酒器之形造字。
　　　　　　左边为女子形象，右上是酒器，右下是手，手中拿着酒器（图1、
　　　　　　图2）；演变至今，字形线条结构改变：图1、图2→图3。

常用词汇　　呼奴使婢　　奴颜婢膝

高粱是造酒的原料。

古代造酒的器具。

汉字

好好玩

全球人口已突破 70 亿大关。有些国家生育率偏低且持续下降中，政府无不想尽办法推出各种奖励生育的措施，希望能够提高生育率，因为人口多寡牵涉到国家整体生产力，人口的质与量更攸关国家的竞争力。我们的社会正面临人口老龄化及低生育率等问题，究

婴儿石雕像。

其原因在于考量现今养育及教育所需耗费的精力与财力，新婚男女对于生育孩子往往会犹豫不决，考虑再三。

中国的传统是以农业立国，由于古代人寿命短、婴幼儿死亡率高，妇女需要不断地生育才能维持农村大量劳动力的需求，所以也就没有节育的概念；加上传统"多子多孙多福气"的观念，古代中国妇女们均背负着生育子嗣的使命，无奈古时的卫生环境不佳，又缺乏医药设备，小孩夭折时有所闻。每当发生战争或是经济环境差时，养不起孩子的父母甚至直接把婴儿丢弃，造成许多弃婴。周朝的始祖后稷就是一个弃婴，后稷的名字就是"弃"，他有一段神话般的身世传说。据说弃的母亲有一天在郊外踩到一个大脚印，过了不

古代小孩夭折率高。

久就怀孕了，后来顺利生下一个男婴，
但这婴儿却被认为不祥，于是弃的母亲
就直接将他丢弃野外。原以为这婴儿会
被路过的野兽吃掉或踩踏而亡，结果却
反而吸引了许多动物自动围在他的身边
保护他。之后弃的母亲又把他放置在冰
冻的河面上，没想到又有大鸟飞来，用
羽毛覆盖保护弃。种种迹象显示，弃是
个很特别的婴儿，可能受到神灵的保
佑。由于三番五次将他丢弃在野外，所
以给这孩子起名为"弃"。

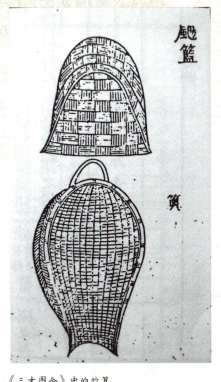

《三才图会》中的竹箕。

　　弃的古字 、 就像一双手捧着
竹箕（箕），箕中有个孩子，准备将箕中
孩子丢弃的样子。 有些弃婴被丢入河
里，随波逐流，流的古字 左边是水的形象，右边则是一个小孩漂流在水
面上，显现水流动的样子。古代医疗环境不佳，对产妇而言生产过程须冒
极大的风险，顺利生产时胎儿的头会先离开母体， （育）就是画女人产
下孩子的样子，孩子头朝下代表生育。育的古字 ，上半部的 就是一
个头朝下、脚朝上的孩子。不过，育这个字最初的画法是 ，左边是母
亲，右边是小孩，像母亲生产的样子，所以"毓（yù）"才是生育最原始的
画法。这幅生育之象介绍弃、流、育、毓这四个字，仔细观察这四个字可
发现它们同时出现"去"的符号，"去"其实就是代表孩子的形象。

汉字画

　　女人产子是毓（⿰）子孕孙的大事，若生育（⿰）期间状况不佳导致婴儿早夭，便双手将婴儿放入箕中丢弃（⿰）河里，随着水流（⿰）流进大海。

　　此画由毓、育、弃（棄）、流等汉字组成。

繁体	简体	英文

yù

育　　育　to educate

字义说明　生育；许慎解释，养育孩子，并教导使其有良善的本心。由云与肉组合而成。

说文解字　"养子，使作善也。从云，肉声。"

堇　㪍　毓　育　育
图1　　图2　　图3　　图4　　图5

字形说明　采直视角度，取女人侧面生子之形造字。
上面是女人，下面小孩，女人产子的样子（图1）；左边是一女人，右边有一孩子，孩子头上的水代表羊水，育与毓同字源（图2、图3）；上面是一个头倒着的小孩子，下面以月代表母体（图4）；演变至今，字形线条结构改变：图1、图2、图3、图4→图5。

常用词汇　养儿育女

繁体	简体	英文
毓	yù 毓	to rear

字义说明　生育；毓与育同源。

说文解字　"育或从每。"

图1　图2　图3　图4

字形说明　采直视角度，取女人侧面生子之形造字。

上面是女人，下面小孩，女人产子的样子（图1）；左边是一个女人，右边有一个孩子，孩子头上的水代表羊水，毓与育同字源（图2、图3）；演变至今，字形线条结构改变：图1、图2、图3→图4。

常用词汇　毓子孕孙　钟灵毓秀

繁体	简体	英文
流	liú 流	to flow

字义说明　流动；许慎解释，古文以㰌表示流。

说文解字　"篆文从水，流为小篆，则㰌为古字，籀文可知。"

图1　图2　图3　图4

字形说明　采直视角度，取水流与小孩之形造字。

左边是水流，右边是一个孩子（图1）；左右两边是水流，中间有一个倒着头的孩子，像孩子在水中的样子（图2）；左边是流水，右边是头下脚上的孩子形象（图3）；演变至今，字形线条结构改变：图1、图2、图3→图4。

繁体	简体	英文

qì

棄　弃　to discard

字义说明　放弃；许慎解释，将小孩丢弃的意思，由莱与云组合而成。

说文解字　"捐也。从廾（gǒng）推莱弃之。从云；云，逆子也。"

图1　　图2　　图3　　图4

字形说明　采直视角度，取手持箕丢孩子之形造字。
　　　　　双手持箕，箕中有孩子，像欲将孩子丢弃的样子（图1）；云代表孩子，下面是头，上面是身（图2）；中间箕的形象改变，下半部是一双手，上半部是一孩子（图3）；演变至今，字形线条结构改变：图1、图2、图3→图4。

常用词汇　前功尽弃　不离不弃　自暴自弃

汉字画十五

关闭之象

汉字
好好玩

常见的木门。

竹制的门称为扇。

远古时期，原始人类穴居，懂得寻找洞穴遮风挡雨并躲避野兽的攻击，他们将食物或喜爱的物品放在洞穴里。为了避免其他野兽进入破坏或将食物取走，便用草叶或兽皮覆盖住食物。后来发现仅用草叶覆盖还是无法保护食物。所以外出时，会移动大石头堵住洞穴口，或采树枝草叶来遮挡洞穴口。这些石头或草叶就是门的原始概念。由于树木取材容易，可依照不同需求制成各种形状的门，所以古代最常见的便是木门，古人将木头制成的门称为"阖（hé）"。江南盛产竹子的地方也常以竹子作为建材，当地人用竹子编成的门称为"扇"，所以才有了"门扇"一词的出现。

最初的门仅具遮挡效果，随时可以被推开或移动，无法达到保护的效果。因此古人发展出防护的方式，最常见的是门闩（shuān），使用门闩后门就不容易被打开。一般人认为门闩是门上架着横木，其实门闩的形式有横有竖，有些闩是横插，有些闩是竖插。横插的闩门又称为"关"，许慎《说文解字》提到："关，以木横持门户。"若将闩竖插则称为"键"，而"关键"一词在古代原是指闭门不开的意思。此外，古籍提及古代有一专门管"键"的官职，谁拥有键谁就可以随时

横式门闩。

启闭国门。闭本来就有关的意思，闭的古字 ![闭], 门中间有闩，闩一扣上门也就锁上了。另外，用木头顶住门板也是一种关门的方式，"闲"这个字在古代就是直竖闭门的意思。闲的古字 ![闲] 门中有一根木棍，用木棍抵住门，外面的人就推不开，以达到防御的

竖式门闩。

效果。关门除了使用门闩，也可使用绳索捆绑，古字 ![关]（关）就像在门上用绳索加以绑捆，这样门就无法打开了。

　　古代村寨为了避免土匪或野兽侵入，会在村寨外设置栅栏作为防护的屏障。栅的古字 ![栅] 左边是木，右边是竖立起来的篱笆；若将竹子或木头削尖，就能达到吓阻的作用。村寨多是木构建筑，光线容易透进屋内，闲与间这两个字最能代表这种景象；间就像日光透进门缝，而闲的古字就像月光透进门缝。古字 ![闲]（闲）与 ![间]（间）原本是同一字，后来分化成两个字；闲有悠闲的意思，间则演变为时间、空间与量词。

门上环状门锁设计。

栅栏有阻隔的效果。

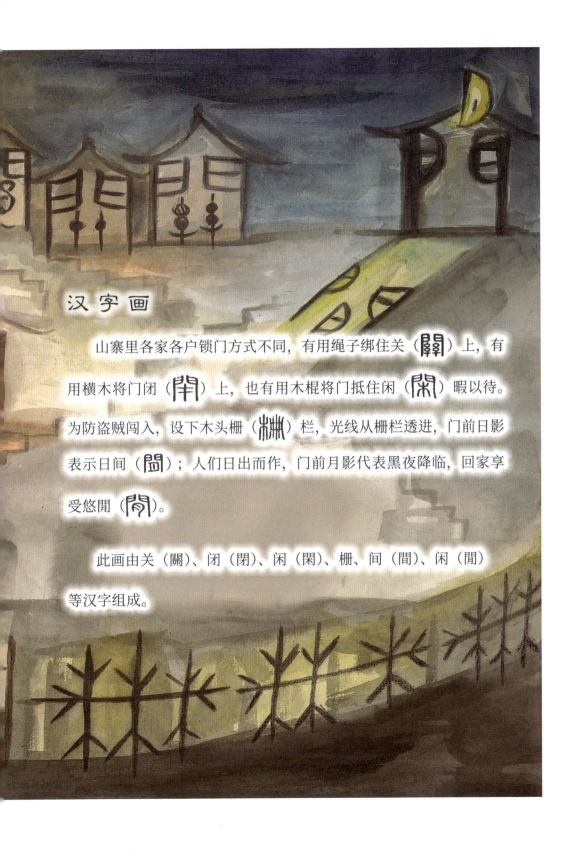

汉字画

　　山寨里各家各户锁门方式不同，有用绳子绑住关（關）上，有用横木将门闭（閉）上，也有用木棍将门抵住闲（閑）暇以待。为防盗贼闯入，设下木头栅（栅）栏，光线从栅栏透进，门前日影表示日间（間）；人们日出而作，门前月影代表黑夜降临，回家享受悠闲（閒）。

　　此画由关（關）、闭（閉）、闲（閑）、栅、间（間）、闲（閒）等汉字组成。

繁体　简体　英文

bì

闭　闭　to closed

字义说明　关闭；许慎解释，关门的意思，由门与才组合而成。才在古文中代表草木的样子。

说文解字　"阖门也。从门、才。所以距（⺪）门也。"

明　閈　閈　閉

图1　　图2　　图3　　图4

字形说明　采直视角度，取门与关门之键之形造字。

门上有十字形物件可以用来开关门（图1、图2）；二横一竖的门闩可以开或关（图3）；演变至今，字形线条结构改变：图1、图2、图3→图4。

常用词汇　闭门造车　闭门思过　闭月羞花

guān

關　　关　　shut

字义说明　关闭；许慎解释，以门上架着木头可以锁门，由门与丱组合而成。

说文解字　"以木横持门户也。从门，丱声。"

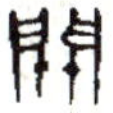

图1 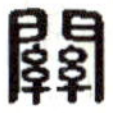　　图2 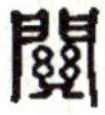　　图3 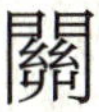　　图4

字形说明　采直视角度，取门之形造字。

　　门上有两个锁或闩的物件（图1）；门闩或门锁加上丝绳捆绑（图2、图3）；演变至今，字形线条结构改变：图1、图2、图3→图4。

常用词汇　一语双关　息息相关　漠不关心

xián

閑　　闲　　carefree

字义说明　空闲；许慎解释，栅栏的意思，由木与门组合而成。

说文解字　"阑也。从门中有木。"

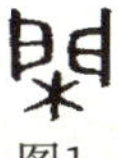

图1 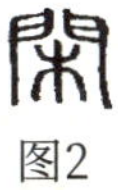　　图2 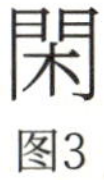　　图3

字形说明　采直视角度，取门与木之形造字。

　　门上有一根木头挡着，门就无法推开（图1、图2）；演变至今，字形线条结构略有改变：图1、图2→图3。

常用词汇　气定神闲

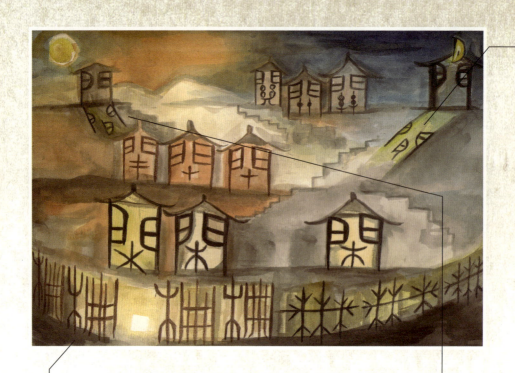

繁体	简体	英文
	zhà	
栅	栅	fence

字义说明 栅栏；许慎解释，将树木编扎起来成为栅栏，由木与册（同"册"）组合而成。

说文解字 "编树木也。从木，从册，册亦声。"

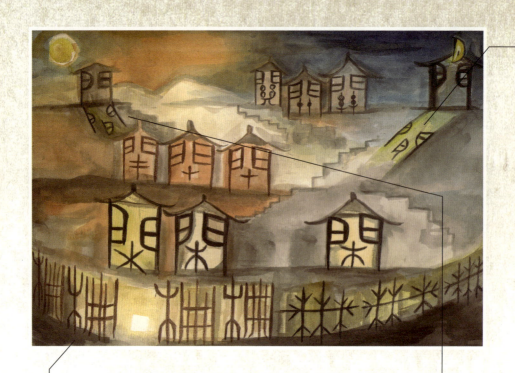

图1   图2   图3

字形说明 采直视角度，取树木之形造字。

将许多的树木交叠在一起（图1）；将树木一根根编排起来（图2）；演变至今，字形线条结构改变：图1、图2→图3。

xián

閒　閑　leisure

字义说明　悠闲；许慎解释，有空隙，由门与月组合而成。古人将门关上后，月光会从门缝中照进来。

说文解字　"隙也。从门，从月。徐锴曰：'夫门夜闭，闭而见月光，是有閒隙也。'"

晶　閒　閒　閒
图1　图2　图3　图4

字形说明　采直视角度，取门与月之形造字。

上面是月亮，下面是门（图1）；月在门中，表示月光透进门里（图2、图3）；演变至今，字形线条结构改变：图1、图2、图3→图4。

jiān

間　间　space

字义说明　量词；间与閒为同一字源。

说文解字　无。

晶　間　間
图1　图2　图3

字形说明　采直视角度，取门与日之形造字。

上面是太阳，下面是门（图1）；表示日光透进门里（图2）；演变至今，字形线条结构改变：图1、图2→图3。

常用词汇　伯仲之间　合作无间

一间间排列整齐的屋子。

门上木条式的设计有助于光线透进屋里。